我国16岁男子高水平足球运动员训练质量研究

姜哲 著

人民体育出版社

图书在版编目（CIP）数据

我国16岁男子高水平足球运动员训练质量研究 / 姜哲著. -- 北京：人民体育出版社, 2022（2024.11重印）
ISBN 978-7-5009-6181-9

Ⅰ.①我… Ⅱ.①姜… Ⅲ.①青少年—足球运动—运动训练—研究—中国 Ⅳ.①G843.2

中国版本图书馆CIP数据核字(2022)第111461号

*

人 民 体 育 出 版 社 出 版 发 行
北京明达祥瑞文化传媒有限责任公司印刷
新 华 书 店 经 销

*

710×1000　16开本　9印张　200千字
2022年8月第1版　2024年11月第3次印刷

*

ISBN 978-7-5009-6181-9
定价：52.00元

社址：北京市东城区体育馆路8号（天坛公园东门）
电话：67151482（发行部）　　　邮编：100061
传真：67151483　　　　　　　　邮购：67118491
网址：www.psphpress.com

（购买本社图书，如遇有缺损页可与邮购部联系）

前　言

　　赛是指运动竞赛，是在严密的组织和规则的制约下，以表现最佳现实实力或实现可能实力向现实实力转化为目标的运动过程。练是指运动训练，是被指导者在指导者的指导下，不断挖掘其竞技潜力，并且经常性地实现其可能实力向现实实力的转化，为在比赛中表现最佳现实实力做准备的专门化运动过程。比赛能力源于日常的训练，高水平的比赛能力需要高质量的训练作为保障。在青少年足球运动员的培养过程中，由于其身心发展的阶段性特征、年龄阶段的不同，决定了其优先发展的竞技能力存在差异，从而决定了训练内容、训练方法、训练负荷以及间歇特征等方面的不同。在教练员实际训练过程中，应根据青少年所处的年龄阶段，选择重点发展的竞技能力内容以及合适的训练方法，并通过训练负荷等方面的严格控制来确保开展高质量的训练课，从而保证青少年比赛能力的阶段性发展与提高。

　　评价是一种调查分析的过程，其本质是一种价值判断的活动，是对客体满足主体需要程度的判断。在我国青少年足球训练质量的实际评价过程中，仍然充斥着"唯成绩论"的思想，倾向于用比赛成绩的好坏来评价训练质量的高低，足球比赛结果本身就具有一定的偶然性，这种终结性的评价方式难以准确地体现足球训练质量，忽视了足球训练的操作过程，该评价方式缺乏对比赛成绩的客观分析，更加缺乏对训练质量深层因素的思考。足球训练质量是一个复杂的系统，它不但包括比赛成绩，还包括训练操作过程，与企业生产中过程质量及结果质量的一一对应关系不同。由于足球项目自身特征，比赛成绩难以准确地体现训练过程质量，所以，从训练操作过程出发，可以较为准确地反映足球训练质量，从而发现训练过程中存在的问题，反馈给教练员，教练员通过对相应环节的调整，从而优化训练质量。另外，通过对各操作要素的实际评价，可以达到对教练员的训练水平准确客观评价的目的，有利于教练员不断提升自身业务水平，引导青少年足球训练树立正确的价值取向。教练员在实际训练过程中，绝大部分训练时间应集中在球员需要重点发展的竞技能力上。重点竞技能力的发展构成了青少年足球日常训练的主体，所以通过对重点发展竞技能力的训练实施情况进行调查与研究，可以较为全面地反映其训练质量。

16岁年龄阶段在青少年培养过程中处于特殊地位，从青少年生长发育阶段来看，该年龄阶段属于青春期发育后期，是从青少年向成年人转折的一个关键时期。从运动员整个职业生涯来看，16岁年龄阶段处于竞技提高阶段，该年龄段训练质量的高低在很大程度上可以决定球员最终达到的高度，亚洲区每两年都会举行一次亚洲少年足球锦标赛（AFC U16 Championship），充分证明了该年龄阶段的特殊性和重要程度。另外，16岁作为参加2024年奥运会和2026年世界杯的适宜年龄，担负着为国争光的艰巨任务，我国也以该年龄为班底组建了备战2024年奥运会队伍。所以，不论从宏观层面还是微观层面，探究该年龄阶段的训练质量均具有重要的现实意义。

本书是本人博士学位论文的主体部分，全书共分为五章，每章均包含若干小结：

第一章为导论部分。包括研究背景与意义、研究现状、研究对象与方法及研究思路。

第二章为足球训练质量概念与结构要素。

第三章为我国16岁男子高水平足球运动员阶段性训练安排。包括各球队周训练基本模式、球队训练课总次数和总训练时长、不同类型训练课次数及训练时长和球队负荷安排介绍。

第四章为16岁男子高水平足球运动员重点发展的竞技能力。包括该年龄阶段足球运动员重点发展体能内容、技战术发展目标及内容。

第五章为我国16岁男子足球队重点竞技能力的训练质量。包括高强度有氧耐力训练特征研究、重点发展技战术的操作性训练质量评价以及训练比赛的质量评价。

  本书在撰写过程中得到了导师黄竹杭教授的悉心指导，谨在此向老师表示衷心的感谢！

  最后，由于本人才疏学浅，书中难免存在诸多不足之处，敬请各位同行不吝赐教！

目 录

第一章 导论 …………………………………………………（1）

第一节 研究背景与意义 ……………………………………（1）
一、研究背景 ……………………………………………（1）
二、研究意义 ……………………………………………（2）

第二节 研究现状 ……………………………………………（2）
一、质量概念的相关研究 ………………………………（2）
二、训练质量的相关研究 ………………………………（3）
三、我国16岁男子足球运动员重点发展竞技能力的研究 ……（5）
四、足球训练质量评价的相关研究 ……………………（11）
五、研究现状总结 ………………………………………（19）

第三节 研究对象与方法及思路 ……………………………（20）
一、研究对象 ……………………………………………（20）
二、研究方法 ……………………………………………（21）
三、研究思路 ……………………………………………（30）

第二章 足球训练质量概念与结构要素 …………………（31）

第一节 足球训练质量 ………………………………………（31）
第二节 足球训练结构要素 …………………………………（32）

第三章　我国16岁男子高水平足球运动员阶段性训练安排 （35）

第一节　周训练基本模式 （35）
第二节　球队训练课总次数和总训练时长 （36）
第三节　不同类型训练课次数及训练时长 （36）
第四节　球队负荷安排 （38）
一、负荷量安排 （39）
二、负荷强度安排 （41）

第四章　16岁男子高水平足球运动员重点发展的竞技能力 （45）

第一节　体能 （45）
一、16岁男子高水平足球运动员重点发展的体能内容 （45）
二、高强度有氧耐力为该年龄段重点发展的理论依据 （54）
三、高强度有氧耐力操作性训练原则 （59）

第二节　技术 （62）
一、16岁男子高水平足球运动员的技术发展目标 （62）
二、确立对抗性技术为该年龄段技术发展目标的理论依据 （67）
三、16岁男子高水平足球运动员重点发展技术内容 （68）

第三节　战术 （75）
一、16岁男子高水平足球运动员的战术发展目标 （75）
二、16岁男子高水平足球运动员重点发展的战术内容 （78）

第五章　我国16岁男子足球队重点竞技能力的训练质量 （81）

第一节　我国16岁男子高水平足球运动员体能训练质量 （81）
一、训练负荷强度 （81）
二、训练方法、手段及间歇特征 （84）

三、训练次数、时间及组数安排……………………………（86）
　　四、高强度有氧耐力训练效果的评价……………………（87）
　　五、个案分析………………………………………………（91）
第二节　我国16岁男子高水平足球运动员技术训练质量……（95）
　　一、技术发展目标…………………………………………（96）
　　二、技术训练内容…………………………………………（98）
　　三、对抗形式下技术训练负荷强度………………………（103）
第三节　我国16岁男子高水平足球运动员战术训练质量……（104）
　　一、战术训练时长及占比…………………………………（104）
　　二、战术发展目标…………………………………………（105）
　　三、战术发展内容…………………………………………（106）
　　四、战术训练负荷强度……………………………………（107）
第四节　我国16岁男子高水平足球运动员训练性比赛分析…（108）
　　一、不同类型比赛球员心率特征…………………………（108）
　　二、不同类型比赛球员跑动表现特征……………………（110）

参考文献……………………………………………………（114）

附录A　16岁男子足球运动员重点发展技术的专家调查表……（123）

附录B　申鑫队、鲁能队、三高队的两周训练安排……………（125）

附录C　U16男子高水平足球队部分正式比赛的基本信息表……（129）

第一章 导论

第一节 研究背景与意义

一、研究背景

自2006年以来，我国男子足球国家队已连续四届未能进入世界杯。在备战2022年卡塔尔世界杯亚洲区预选赛（十二强）的比赛中，至今只取得1胜3平6负的成绩，进入世界杯决赛圈仅存在理论上的可能。纵观近些年我国各级男子足球国家队在每次大赛中的表现，球员比赛能力与世界足球发达国家差距明显，并有进一步拉大的趋势。足协也通过出台一系列的政策和措施，希望可以尽快改变现有的落后局面，但收效甚微。足球作为一项同场对抗性项目，本队的竞技能力才是决定比赛成绩的关键，所以提高球员的体能、技术和战术等竞技能力才是解决问题的有效途径。在球员培养过程中，高水平的竞技能力源于平时高质量的训练，其质量高低关系到球员竞技能力提高的幅度以及最终达到的水平。但现阶段，一方面，我国各年龄阶段的青少年重点发展的竞技能力内容不明确，教练员大都根据自身经验选择训练内容，有些甚至存在原则性的错误，这严重地阻碍了我国青少年足球的发展；另一方面，我国青少年足球缺少从操作性层面对训练质量的系统研究，训练实践操作因素作为运动训练过程的核心，可以在很大程度上决定训练质量，通过对各操作要素的解析，有利于揭示实际操作过程中存在的问题，及时提升训练质量。同时，16岁作为由青少年球员向成人球员转换的一个关键时期，训练质量会决定其能否进一步提升自身的竞技能力，成长为一名职业足球运动员，其研究的意义更加重大。基于上述原因，明确16岁足球运动员需要重点发展的竞技能力并对我国16岁男子高水平足球队的操作性训练质量进行评价具有重要的理论和实践意义。

二、研究意义

高水平足球运动员的培养是一个循序渐进的过程，其中青少年训练阶段是重要的组成部分。由于青少年身心各项素质发育敏感期的时序性不同，决定了不同生长发育阶段重点发展内容的差异性，所以根据青少年发育阶段选择合适的训练内容是训练效益取得最大化的起点。16岁是青少年向成人过渡的一个关键节点，在整个青少年的训练过程中处于特殊地位。所以，本研究通过研读国际足联和国外足球发达国家的青少年训练大纲，明确16岁男子足球运动员应重点发展的体能、技术和战术竞技能力，并对我国该年龄段球队重点发展竞技能力的训练质量进行评价，揭示其存在的问题，提升我国16岁男子足球队的训练水平，由此，本研究的意义在于：

第一，通过对国际足联和世界足球发达国家的官方资料进行梳理和总结，明确16岁男子足球运动员重点发展的体能、技术和战术竞技能力，为我国该年龄段足球训练提供借鉴和参考，有利于我国该年龄段足球运动员重点发展竞技能力的进一步明确和统一。

第二，通过对我国16岁男子足球队进行实地跟踪调查，揭示我国该年龄段足球队重点发展竞技能力的操作性训练质量，有利于揭示实际训练操作过程中存在的问题，提升该年龄段足球训练的质量。

第二节 研究现状

一、质量概念的相关研究

在生活中，质量总是以抽象的形式存在，并被我们时刻感知。在物理学科中，质量表示"物质的度量，可由其密度与体积求出，质量正比于重量"[1]。管理学将质量定义为："产品或服务能达到预期要求与满足客户期望的一种能力[2]。"国际标准化组织（ISO）作为标准化领域的重要组织，把质量

---

[1] 牛顿.自然哲学之数学原理[M].王克迪，译.西安：陕西人民出版社，2001.
[2] 斯蒂芬·P.罗宾斯.管理学[M].孙健敏，等，译.北京：中国人民大学出版社，2004：574.

定义为：质量是"一组固有特性满足要求的程度"。"质量"至少包含以下四个基本含义：第一，质量为任何一种实体所具有，这种实体可以是产品，也可以是活动、过程、组织、体系，以及上述各项的任何组合。所以，质量广泛存在于人类的各个实践活动领域；第二，质量作为实体的内在规定性，具体表现为实体的一组特性，是实体固有特性或品质的总和；第三，质量作为实体的固有特性，必须以满足相关方要求为目的，这种要求有些是明示的，还有些是不言而喻的；第四，质量体现了特性满足要求的程度、差异和区别，满足程度高，则质量优，满足程度低，则质量差[1]。该定义对质量本质进行了深刻揭示，并被大家普遍接受。

由以上可以看出，关于质量的概念，每个学科均有不同的解释和理解，但从实质上来说，质量是对于某一客体能否满足特定主体需要及程度所做的肯定性价值判断，判断质量的高低取决于客体本身的性状和特定主体的需要两个方面，只是这种价值判断不是随意的，而是建立在某种科学分析的基础上。为了在本研究中对质量有一个统一准确的描述，借鉴国际标准化组织的质量定义，把质量定义为："质量是一组固有特性满足要求的程度。"该质量既包含了产品质量，又包含了过程质量。产品，即过程的结果，即结果质量；过程质量是指过程满足明确或隐含需要的能力的特性之总和，其中过程质量决定结果质量，结果质量是过程质量的最终反映。

二、训练质量的相关研究

（一）训练质量概念

训练质量是质量的下位概念，两者是一般与具体的关系。训练质量在体育学、军事学、特种医学、航空航天科学与工程、计算机软件及计算机应用、武器工业与军事技术等几十个学科都有涉及。在运动训练学科中，虽然相关从业者从20世纪就对训练质量进行了关注和研究，但研究的延续性较差，研究成果较少。如杨逌军等[2]把训练质量定义为"教练员和运动员共同完成训练任务的一种程度"。陈小平[3]认为训练质量是相对于训练数量的一个概念，它主

---

[1] 余小波.高等教育质量概念：内涵与外延[J].高教发展与评估，2005（6）：46-49.
[2] 杨逌军，刘国强.训练效果评价的探讨[J].广州体育学院学报，1991，11（1）：98-103.
[3] 陈小平.竞技运动训练实践发展的理论思考[M].北京：北京体育大学出版社，2008：32.

要是指运动训练的效率，即训练的投入（如训练方法和负荷）与产出（如各种能力和运动水平的增长）之间的比例关系。

由以上可以看出，在运动训练中，关于训练质量概念的研究较少，这与训练质量的重要地位形成了鲜明的反差，凸显对该领域研究的严重不足。概念作为人脑对事物本质的反映，代表了人们对其认识的正确程度，所以探究训练质量概念具有重要的理论意义。

（二）训练质量构成结构

杨遒军认为训练质量包括训练过程和训练结果，前者包括教练员的基本训练条件、个性特征和训练行为等内容，后者包括运动员等技战术水平、比赛成绩或进步幅度等方面的内容。冯树勇[1]认为训练质量是决定训练效果的重要因素之一。训练质量是对训练水平的评价，最终体现在运动员的竞技能力和水平上，同时，还通过训练过程予以反映。林绍春等[2]指出训练质量是一个总概念，它取决于很多因素。从总体上看，大体是由几个宏观层次质量决定的：运动队的结构是否合理，训练运行结构管理能力如何；领导决策质量、训练设施、训练装备和后勤供应是否有保证；训练计划是否恰当、训练计划是否体现科学性并反映成才规律；训练是否满意，主要是指训练情况，包括训练指导思想、训练内容、训练方法、训练环节的安排以及文化技术知识、道德品质的培养，运动员训练的好坏包括运动员的训练基础、训练态度、训练风气、训练效果，整个训练管理水平的高低，从决策到组织实施、检查等。胡亦海[3]则认为运动训练质量分为广义和狭义两类，广义的运动训练质量主要包含训练工作质量在内的社会工作质量、领导工作质量、思想工作质量、管理工作质量、选材工作质量、教练队伍质量、场馆建设质量、教练工作质量和后勤工作质量等。相比之下，广义的运动训练质量是指整个竞技运动的发展质量，而狭义的运动训练质量主要指专项运动训练过程质量。运动训练过程质量又可称为训练工作质量。狭义的运动训练质量主要包括专项训练决策、专项训练规划、专项训练设计、专项训练实施和专项训练监控等方面的质量（图1）。显然，狭义的运动训练质量是指专项运动训练工程内部各个环节质量的综合反映。

---

[1] 冯树勇. 训练质量——提高训练效果的重要因素[J]. 田径，2004（6）：39-40.

[2] 林绍春，关惠苏. 训练质量评价因素探讨[J]. 体育科技，1988（2）：1-3.

[3] 胡亦海. 竞技运动训练理论与方法[M]. 北京：人民体育出版社，2014：309.

图1 狭义运动训练质量结构

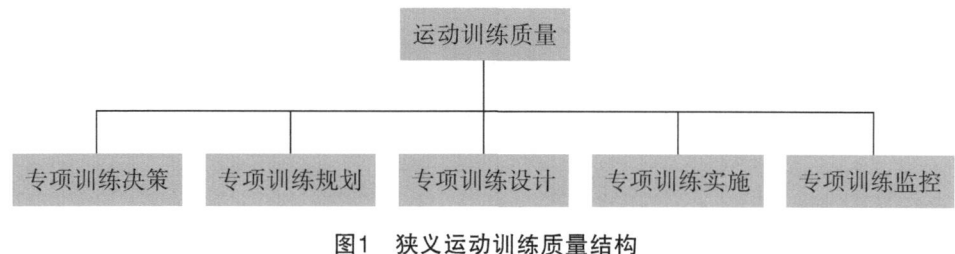

由以上可以看出,在运动训练中,训练质量是一个复杂的系统,有广义和狭义之分。我们通常所指的训练质量即狭义的训练质量,是指运动训练过程质量。狭义的训练质量又可以分为过程质量和结果质量,过程决定结果,结果是过程的最终体现,本文主要以训练过程为切入点来反映训练质量。

三、我国16岁男子足球运动员重点发展竞技能力的研究

运动员所需的竞技能力决定了其训练的内容体系。一般训练学认为：运动员竞技能力是由体能、技能、战能、心能和智能五要素构成并综合表现在竞技活动过程之中的运动员参赛能力[1]。关于足球运动员竞技能力,全国体育院校通用教材《现代足球》[2]把足球竞技能力概括为技术、战术、身体素质和心理（含智力）,如图2所示,这四大要素相互制约,交融一体。《球类运动——足球》[3]把足球竞技能力分为技能、体能和心智能力,其中技能包括技术和战术,体能包括素质、形态和技能,心智能力包括心理和智力；国际足联把球员训练分为四个部分,分别为技术、战术、体能、心理和教育；《美国足球课程》根据足球比赛需求,提出了足球运动员需要发展的四个互补要素,分别为技术、战术、体能和心理；英格兰足球总会也提出了足球运动员发展的四角模型,分别为技术、体能、心理和社交（图3）。由以上可以看出,关于足球运动员所需要的竞技能力,国内外相对比较统一,主要包括体能、技术、战术、心理（含智力）。由于球员心理的抽象性和复杂性等特征,涉及该方面的研究较少,同样,本研究的竞技能力范畴也只包括体能、技术和战术三个部分。

---

[1] 田麦久.运动训练学[M].北京：高等教育出版社,2005：17.
[2] 何志林.现代足球[M].北京：人民体育出版社,2000：39.
[3] 王崇喜.球类运动——足球[M].北京：高等教育出版社,2005：269.

图2 足球竞技能力构成要素[1]

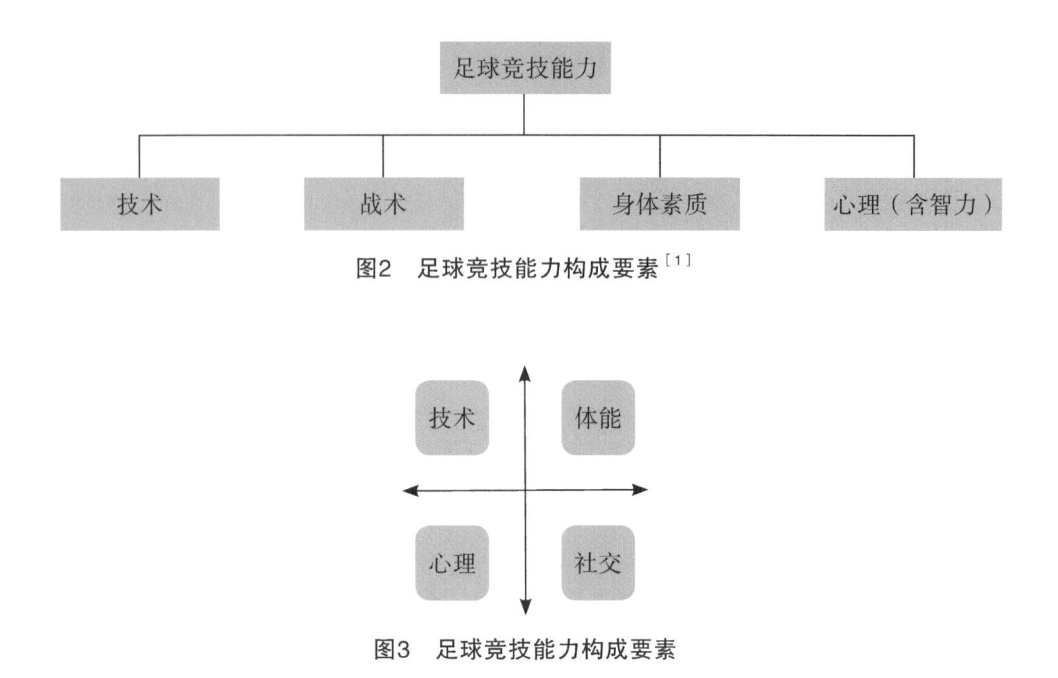

图3 足球竞技能力构成要素

（一）16岁男子足球运动员重点发展体能内容的相关研究

《中国青少年儿童足球训练大纲》[2]（以下简称"大纲"）把青少年儿童共划分为10个阶段，分别为U6、U7—U8、U9—U10、U11—U12、U13、U14、U15、U16、U17、U18阶段，对每个阶段在身体、技术、战术和心理（心智）四个方面的训练目标、训练基本内容、基本要求和检查考核都进行了较为详细的说明，对我国青少年儿童足球训练实践活动起到了一定的指导作用。在体能发展方面，U6年龄段以动作灵活性、协调性、身体平衡、动作节奏感体能素质为发展的重点；U7—U8年龄段重点发展灵敏素质、速度和柔韧体能素质；U9—U10年龄段以平衡、协调、灵活性、速度素质、柔韧体能素质为发展的重点；U11—U12重点发展平衡、协调、灵活性、反应速度、动作速度、柔韧体能素质；U13年龄段以发展平衡、协调、节奏感、速度素质、有氧耐力、身体灵活性和柔韧性体能素质为重点；U14年龄段重点发展不同速度素质、有氧耐力、身体灵活性和柔韧体能素质；U15年龄段以有氧耐力、动

---

[1] 何志林.现代足球[M].北京：人民体育出版社，2000：39.
[2] 中国足球协会审定.中国青少年儿童训练大纲[M].北京：人民教育出版社，2013.

作速率、核心力量、身体灵活性和柔韧性体能素质为重点；U16年龄段重点发展专项无氧耐力、专项力量、核心力量、专项协调性等体能内容；U17、U18年龄段以专项速度、专项无氧耐力、爆发力等体能素质为重点（表1）。2000年出版的全国体育院校通用教材《现代足球》对青少年训练的基本任务和不同年龄阶段的具体任务都给予了说明，其中指出16岁年龄阶段在体能方面应进一步发展速度、力量、耐力素质，为提高训练强度、适应激烈比赛打下基础[1]。《足球》指出16~17岁年龄阶段的足球运动员应在继续发展全面身体素质的基础上，注重起动、跳跃和射门相关肌肉群的力量训练，形成良好的耐力基础。加强速度耐力、速度力量和爆发力训练，提高足球专项有球和无球技术，继续强化动作敏捷性和协调性的训练[2]。《球类运动——足球》[3]和《足球训练设计》[4]认为16岁年龄阶段需要重点利用间歇训练、小强度、大强度和速度训练发展有氧和无氧耐力；早期力量，以克服自重、爆发力训练为主。

表1 《中国青少年儿童足球训练大纲》关于不同年龄阶段足球运动员的体能发展内容

年龄阶段	体能发展内容
U6	动作灵活性、协调性、身体平衡、动作节奏感
U7—U8	灵敏素质、速度和柔韧性
U9—U10	平衡、协调、灵活性、速度素质、柔韧性
U11—U12	平衡、协调、灵活性、反应速度、动作速度、柔韧性
U13	平衡、协调、节奏感、速度素质、有氧耐力、身体灵活性和柔韧性
U14	不同速度素质、有氧耐力、身体灵活性和柔韧性
U15	有氧耐力、动作速率、核心力量、身体灵活性和柔韧性
U16	专项无氧耐力、专项力量、核心力量、专项协调性等
U17	专项速度、专项无氧耐力、爆发力等
U18	专项速度、专项无氧耐力、爆发力等

---

[1]何志林.现代足球[M].北京：人民体育出版社，2000：232.
[2]何志林.足球[M].北京：人民教育出版社，2005：245.
[3]王崇喜.球类运动——足球[M].北京：高等教育出版社，2005：280.
[4]黄竹杭.足球训练设计[M].北京：高等教育出版社，2010：9.

（二）16岁男子足球运动员技术发展目标和重点发展技术内容的相关研究

《大纲》指出，在技术方面，U6年龄段以简单的脚步踢球和玩耍球游戏练习、多种形式踢球、运球足球游戏为足球技术发展的主要内容；U7—U8年龄段重点发展控颠球、运控球、接控球、传球、射门等基本技术；U9—U10年龄段以多种熟悉球性的强化练习、左右脚运控球、组合技术为发展重点；U11—U12年龄段重点发展对抗下的进攻和防守技术；U13、U14年龄段以对抗状态下和快速运动中的进攻和防守技术、位置技术为发展重点；U15年龄段重点发展对抗状态下和快速运动中的进攻和防守技术、正面防守技能、位置技术；U16年龄段以高强度对抗和复杂比赛环境下进攻和防守技术以及个人技术特长为发展重点；U17年龄段重点发展比赛中技术的稳定性、合理性和全面性个人技术特长；U18年龄段以比赛状态下的进攻和防守技术、个人技术特长为发展重点，具体如表2所示。《现代足球》指出16岁年龄阶段的青少年足球运动员应提高位置技术的运用能力与准确性，充分发挥个人技术特长。《足球》指出16~17岁年龄阶段的技术发展目标为，根据战术目的的需要灵活运用技术，全面发展在高压下创造与利用、封锁与控制比赛时间、空间的个人技术技巧，并指出技术训练内容主要包括三个方面：一是结合比赛暴露的问题纠正技术缺点；二是进一步提高全面及位置技术能力的训练；三是在强对抗和高速度的战术条件下的综合技巧训练。《球类运动——足球》和《足球训练设计》指出技术发展目标为快速对抗条件下的技术能力和稳定性。

表2 《大纲》不同年龄阶段足球青少年儿童的技术发展目标

年龄阶段	技术发展目标
U6	简单的脚步踢球和玩耍球游戏练习
	多种形式踢球、运球足球游戏
U7—U8	控颠球、运控球、接控球、传球、射门等
U9—U10	多种熟悉球性的强化练习、左右脚运控球、组合技术
U11—U12	对抗下的进攻和防守技术
U13	对抗状态下和快速运动中的技术
	位置技术

（续表）

年龄阶段	技术发展目标
U14	对抗状态下和快速运动中的技术
	位置技术
U15	对抗状态下和快速运动中的技术
	正面防守技能
	位置技术
U16	高强度对抗和复杂比赛环境下进攻和防守技术
	个人技术特长
U17	比赛中技术的稳定性、合理性和全面性
	个人技术特长
U18	比赛状态下的进攻和防守技术
	个人技术特长

（三）16岁男子足球运动员战术发展目标和重点发展战术内容的相关研究

《大纲》指出，16岁年龄段战术发展目标为以下几个方面，一是进一步熟练掌握与运用个人、小组和局部攻防战术，更好履行位置职责；二是在比赛中，快速判断、分析决策的能力有较大提高；三是能较好地遵循进攻和防守原则，战术的执行力得到进一步增强，并讲究严谨性；四是对比赛中四个重要时刻的重要性认识和理解更为深刻，并能付诸正确的行动；五是在比赛中的创造力和想象力能得到更好的发挥。有特殊能力和特点的队员，其个人能力能较好地融入全队战术之中，在战术训练内容上包括个人与小组战术训练、局部区域战术训练、全队战术训练和定位球战术训练，内容见表3。《现代足球》指出16岁年龄阶段的足球运动员战术发展目标为进一步提高全队攻守战术配合水平，提高技战术应变能力及控制比赛节奏的能力。《足球》指出16~17岁年龄阶段足球运动员战术训练目标为依照队员的竞技基础，对全队战术有关内容继续进行强化训练，提高比赛的分析能力。比赛时，要在全队打法的指导下，力求独立、负责、高质量地完成位置职责，并指出战术训练内容主要包括以下四个方面：一是改正比赛中战术弱点的训练；二是全队整体进攻和整体防守的战术训练；三是定位球攻守战术训练；四是结合全队战术打法的位置技战术训练。《球类运动——足球》和《足球训练设计》认为16岁年龄阶段足球运动员的战术发展目标为提高整体战术、专门战术、防守战术打法、进攻打法、攻守转换、各种小型比赛和11人制比赛的能力。

表3 《大纲》规定16岁足球运动员的战术发展内容

战术内容	具体战术内容
个人与小组战术	继续提高个人、小组攻守能力的练习
	继续进行在局部、整体战术练习情境下1v1、2v2的战术练习
	提高定位球攻防战术中的个人"定位球位置"战术能力的练习
局部区域战术	继续加强前锋线与前卫线、前卫线与后卫线之间局部攻守战术练习
	继续加强中路与边路之间局部攻守战术练习
	继续加强由攻转守或由守转攻时刻的局部攻守战术练习
全队战术	在整体攻守战术中，进行相关位置协同配合的练习
	继续进行全队保持合理进攻队形的战术练习
	继续进行全队保持紧密防守队形战术的练习
	在不同比赛局面下，进行全队渐进式和快速式进攻，以及压迫式和收缩式防守战术的练习
	注重由守转攻或由攻转守时刻的全队攻守战术练习
定位球战术	进行罚球区附近的任意球进攻与防守战术演练的练习
	进行罚球区附近的掷界外球进攻与防守战术的练习，突出防守长距离界外球的练习
	进行角球进攻与防守战术演练的练习
	进行中场开球、球门球发动进攻与防守的战术练习

（四）小结

通过对我国16岁男子足球运动员在体能、技术和战术三个方面重点发展内容的相关研究进行总结发现，不同的教材对该年龄阶段需要发展的内容进行说明，可以对足球训练实践起到一定的指导作用，但仍存在以下几个问题：第一，不论在体能、技术还是战术方面，均没有突出需要重点发展的内容，相关教材只是对发展内容进行了简单罗列；第二，在相关教材提出的该年龄段发展的内容中，由于缺乏对16岁年龄阶段身心发育规律的深刻认识，有些发展内容存在争议，如无氧耐力，需要进一步探究其存在的合理性。

四、足球训练质量评价的相关研究

通过对检索到的足球训练质量评价的相关文献进行梳理和总结，发现在足球训练质量评价的相关研究中，前人主要从训练负荷、训练内容和训练效果三个角度对训练质量进行研究。

（一）训练负荷角度

在足球训练负荷方面，前人主要从生理生化指标和训练学（跑动距离、技术完成次数等）相关指标对训练质量进行了研究。在生理生化方面，曹建民等[1]通过生化指标的测试对1997年甲A足球队进行研究，发现大负荷训练课强度偏小。部义峰等[2]以中国女子国家队备战第30届伦敦奥运会预选赛的体能训练过程为研究对象，指出在体能训练实施过程中，应注意训练负荷强度的控制，训练课负荷的控制必须根据训练目标，在遵循人体生理学理论基础上，制定出能够对运动员机体形成最适应刺激的负荷强度，并且在训练实施中严格控制目标训练强度。孙哲等[3]通过对中国国家青年女子足球队备战南京亚青赛的过程进行研究，发现备战过程中，中小负荷和中负荷强度训练安排较多，训练强度达不到比赛强度的要求。在训练学相关指标方面，曾桂生[4]对我国青年女足运动员在训练中的活动距离进行测试，并与比赛活动距离对比，发现训练课的活动距离明显少于比赛的活动距离，从而证明了训练的活动距离不能满足比赛的需求。潘泰陶[5]通过跑动距离和技术动作练习重

---

[1] 曹建民，杨一民，陆一帆，等.97全国甲A足球队春训生化指标的观察[J].北京体育大学学报，1999（1）：20-23.

[2] 部义峰，刘丹.中国女子足球队体能训练过程研究——基于备战第30届伦敦奥运会预选赛[J].2013，49（4）：19-28.

[3] 孙哲，陈效科，温丽蓉.中国国家青年女子足球队南京亚青赛备战过程研究[J].北京体育大学学报，2015，38（8）：138-144.

[4] 曾桂生.我国青年女足运动员在比赛与训练中活动距离的比较分析[J].湖北体育科技，1998（2）：26-28.

[5] 潘泰陶.1986年全国重点布局单位青年足球队冬训调研[J].西安体育学院学报，1988，5（3）：45-50.

复次数对我国青年队冬训质量进行调研，发现跑动时间和比赛差距显著，主要技术动作重复次数偏少。

（二）训练内容角度

在训练内容方面，相关研究较少，只检索到寥寥数篇，研究对象均为青少年足球运动员，研究主题集中在实际体能、技术和战术训练内容能否满足该年龄段足球运动员的发展要求。如臧鹤鹏等[1]通过问卷对我国U17运动员体能、技术和战术训练内容进行调查，发现该年龄段训练内容不符合发展需要，训练质量偏低。郭嘉良[2]以北京市回民小学男子足球队为研究对象，发现体能、技术和战术训练内容均不符合该年龄段的发展目标。王之磊[3]对我国U15男子足球队在冬训期间的体能、技术和战术训练内容进行分析，发现在训练中运动员的力量、速度、耐力和协调性缺乏针对性，结合足球专项的身体训练内容较少；在技术训练中，部分教练员片面追求成绩，有悖于青少年足球的发展规律；在战术方面表现为对防守战术重视程度不够。张志刚[4]对我国U17男子足球队冬训期训练内容进行研究，发现技战术训练以非对抗形式的训练为主，对抗形式训练比重较低，体能训练中有氧耐力训练比重太低。

（三）训练效果角度

效果即过程的结果，通过对训练前后或者与训练目标的对比，可以对训练效果作出评价，从而在一定程度上反映训练质量。在足球训练效果的研究方面，主要集中在对足球实际训练中效果研究和实验研究两个方面，在足球实际训练中的效果研究，如侯晋鲁[5]通过对陕西U17青年男足备战城运会体能训练进行监控，发现训练前后相比，有氧耐力和上肢力量呈显著性增长。孙航[6]

---

[1] 臧鹤鹏，赵治治，姚鹏.中国足协U17运动员训练现状分析及对策[J].首都体育学院学报，2011，23（6）：546-549.

[2] 郭嘉良.北京市回民小学男子足球队训练内容的研究[D].北京：中央民族大学，2017.

[3] 王之磊.我国U15男子足球队单元训练课实施过程的案例分析[D].北京：北京体育大学，2009.

[4] 张志刚.我国部分U17年龄组男子足球队冬训期训练安排研究[D].北京：北京体育大学，2006.

[5] 侯晋鲁.陕西省U17青年男足备战第7届城运会体能训练监控研究[D].西安：西安体育学院，2012.

[6] 孙航.陕西省U18男足备战第12届全运会决赛阶段防守战术训练过程监控运用情况的研究[D].西安：西安体育学院，2015.

通过阶段性训练发现U18男足防守战术得到提高，证明了训练的有效性。朱倩云[1]对中国女足青年队备战2014年世青赛技战术训练效果进行研究，发现传中成功率以及传中形成破门方面有待提高，中场压迫成功率方面的训练有待加强。洪毅等[2]通过对比男足和女足有球大负荷课的训练时间、练习密度、运动密度、跑动距离和技术动作五项指标，结果发现我国优秀成年女子足球队的有球大负荷课的整体质量要高于我国优秀成年男子足球队。

在足球训练效果的实验研究中，研究的主要内容包括不同训练方法手段对足球专项有氧耐力、足球专项无氧耐力、足球专项肌肉力量和足球技术的影响。

在足球专项有氧耐力方面，Helgerud[3]、Ferrari Bravo[4]、Impellizzeri[5]、Sporis[6—7]通过对足球运动员进行8~12周时间不等的高强度有氧间歇跑训练，负荷强度为最大心率的90%~95%，每周训练两次，每次训练4组，每组持续时间为4分钟，间歇时间为3分钟，间歇形式为最大心率60%~70%的慢跑，发现球员的最大摄氧量和跑动经济性均得到不同程度的提升。Mcmillan[8]、Chamari[9]在不同赛季阶段通过对足球运动员进行8~10周结合球（小场地比

---

[1] 朱倩云. 中国女足青年队备战2014年世青赛技战术训练效果研究[D]. 北京：北京体育大学，2015.

[2] 洪毅，王玉峰，刘浩. 我国优秀足球队有球大负荷课的比较分析[J]. 广州体育学院学报，2000，20（2）：104-106.

[3] Helgerud J, Engen LC, Wisloff U, et al. Aerobic endurance training improves soccer performance [J]. Med Sci Sports Exerc, 2001, 33: 1925-1931.

[4] Ferrari Bravo D, Impellizzeri FM, Rampinini E, et al. Sprint vs. interval training in football [J]. Int J Sports Med, 2008, 29（8）：668-674.

[5] Impellizzeri F, Marcora S, Castagna C, et al. Physiological and performance effects of generic versus specific aerobic training in soccer players [J]. Int J Sports Med, 2006, 27（6）：483-492.

[6] Sporis G, Ruzic L, Leko G. Effects of a new experimental training program on VO_{2max} and running performance [J]. Sports Med Phys Fitness, 2008, 48（2）：158-165.

[7] Sporis G, Ruzic L, Leko G. The anaerobic endurance of elite soccer players improved after a high-intensity training intervention in the 8-week conditioning program [J]. Strength Cond Res, 2008, 22（2）：559-566.

[8] Mcmillan K, Helgerud J, Macdonald R, et al. Physiological adaptations to soccer specific endurance training in professional youth soccer players [J]. Br. J. Sports Med, 2005（39）：273-277.

[9] Chamari K, Hachana Y, Kaouech F, et al. Endurance training and testing with the ball in young elite soccer players [J]. Br J Sports Med, 2005, 39（1）：24-28.

赛、运球）的高强度间歇训练，负荷强度为最大心率的90%~95%，每周训练两次，每次4组，每组持续时间为4分钟，间歇3分钟，结果发现队员最大摄氧量分别提高了9.4%和7.5%。Jensen[1]在比赛期间对足球运动员进行每周一次、每组2~4分钟、间歇1~2分钟、共持续30分钟的小场地比赛，发现球员的最大摄氧量提高了5.3%。Tabata等[2]实证证明了高强度间歇训练和中强度持续性训练均可以提高运动员的最大摄氧量，但高强度间歇训练提高幅度更大，而且只有高强度间歇训练可以提高运动员的无氧能力。在国内，相关研究相对较少，李春满等[3]、水祎舟等[4]通过对设计的几种结合球类的有氧训练方法进行负荷监测和验证，证明了设计的方法及调控手段可以达到提高足球运动员有氧低强度、有氧中强度和有氧高强度的目的。胡鑫[5]通过实验证明了变量间歇训练法比变速间歇训练法能更好地提高足球运动员的最大摄氧量。王忠辉[6]通过设置试验组和对照组，试验组每周进行两次高强度间歇训练，对照组进行每周两次负荷强度为最大心率70%的持续性有氧训练，结果发现试验组在12分钟跑、40米冲刺跑、YoYo间歇跑、原地纵跳和Illinois灵敏性测试指标均显著提高，证明了高强度间歇训练可以有效提高足球运动员的专项体能。陈瑞宁等[7]通过实证证明了小场地比赛可以有效地提高球员的有氧能力。赵勇[8]将沙滩足球训练和传统足球训练进行对比，发现沙滩足球训练可以有效地提高足球运动员的有氧及无氧运动能力。

---

[1] Jensen J, Randers M, Krustrup P, et al. Effect of additional in-season aerobic high-intensity drills on physical fitness of elite football players [J]. Sports Sci Med, 2007, 6 (10): 79.

[2] Tabata I., K. Nishimura, M. Kouzaki, et al. Effects of moderate-intensity endurance and high-intensity intermittent training on anaerobic capacity and VO_{2max} [J]. Med Sci Sports Exer, 1996, 28: 1327-1330.

[3] 李春满, 于跃, 郭航进. 青年足球运动员结合球有氧耐力训练实证研究 [J]. 北京体育大学学报, 2015, 38 (1): 124-131.

[4] 水祎舟, 黄竹杭, 耿建华, 等. 足球运动专项有氧耐力训练设计实证研究 [J]. 成都体育学院学报, 2016, 42 (1): 70-77.

[5] 胡鑫. 两种有氧耐力训练方法对高校高水平男子足球运动员有氧能力的影响——以西安体育学院为例 [D]. 西安: 西安体育学院, 2015.

[6] 王忠辉. 大强度间歇训练对足球运动员专项体能的影响 [D]. 济南: 山东体育学院, 2017.

[7] 陈瑞宁, 易星辛, 杨三军. 小场地比赛方法在青少年足球训练中的实验研究 [J]. 北京体育大学学报, 2010, 33 (4): 60-62.

[8] 赵勇. 沙滩足球训练与传统足球训练对足球运动员有氧及无氧运动能力影响的比较研究 [J]. 山东体育学院学报, 2009, 25 (8): 68-70.

在足球比赛中，运动员经常要进行全速跑或快速改变运动方向等爆发性活动，且这些行为可以对足球比赛结果产生重要的影响，国内外学者对不同训练方法、手段对足球运动员无氧耐力的影响进行了积极探索。Dupont[1]通过实验证明高强度间歇训练（120%的最大有氧速度跑和最大速度冲刺跑）可以有效提高球员的最大有氧速度和冲刺速度。Ferrari和Hill-Haas证明有氧高强度训练与冲刺跑训练均可以提高球员的最大摄氧量，但只有冲刺跑训练可以提高球员的冲刺能力和速度耐力。Eniseler等[2]通过对高强度小场地比赛法和重复冲刺跑训练法进行实验对比，发现两者均可以提高球员的重复冲刺跑能力，小场地比赛还可以提高球员的短传能力。Taylor等[3]通过两周的实验证明，直线冲刺跑训练和变向冲刺跑训练均可以提高球员的加速能力、冲刺能力和高强度跑能力。Mohr等[4]通过对速度耐力保持性和生成性两种训练进行实验研究，结果发现速度耐力生成性训练可以更好地提高足球运动员的高强度运动表现。Nedrehagen等[5]通过实证发现和正常足球训练相比，每周增加一次重复冲刺跑训练可以提高球员的冲刺能力。Shalfawi等[6]通过实验证明重复性灵敏训练和重复性冲刺训练均可以提高球员的冲刺能力。Buchheit等[7]通过实证，发现重复折返跑训练和爆发力训练均可以提高球员的最大冲刺速

---

[1] Dupont G, Akakpo K, Berthoin S. The effect of in-season, high-intensity interval training in soccer players [J]. J Strength Cond Res, 2004, 18（3）: 584-589.

[2] Eniseler N, Sahan C, Ozcan I, et al. High-Intensity Small-Sided Games versus Repeated Sprint Training in Junior Soccer Players [J]. Journal of Human Kinetics, 2017, 60（1）: 101-111.

[3] Taylor JM, Macpherson T, Mclaren SJ, et al.Two Weeks of Repeated-Sprint Training in Soccer: To Turn or Not to Turn? [J]. International? Journal of Sports Physiology and Performance, 2016, 11（8）: 998-1004.

[4] Mohr M, Krustrup P. Comparison between Two Types of Anaerobic Speed Endurance Training in Competitive Soccer Players [J]. Journal of Human Kinetics, 2016, 51（2）: 183-192.

[5] Nedrehagen ES, Saeterbakken AH. The Effects of in-Season Repeated Sprint Training Compared to Regular Soccer Training [J]. Journal of Human Kinetics Volume, 2015, 49（1）: 237-244.

[6] Shalfawi S, Young M, Tønnessen, E. The effect of repeated agility training vs. repeated sprint training on elite female soccer player' physical performance [J]. Kinesiologia Slovenica, 2013, 19（3）: 29-42.

[7] Buchheit A, Mendez-Villanueva A, Delhomel G, et al. Improving repeated sprint ability in young elite soccer players: repeated shuttle sprints vs. explosive strength training [J]. Journal of Strength & Conditioning Research, 2010, 24（10）: 2715-2722.

度。Haugen等[1]通过设置控制组和实验组，发现实验组球员每周进行一次强度为90%最大速度的冲刺训练可以提高球员的冲刺能力和最大摄氧量。在国内，一些学者对提高足球运动员无氧耐力也进行了积极的探索。李春满等[2]通过设置不同负荷因素的训练方案，实证证明了不同练习负荷强度在发展青少年足球运动员专项速度耐力的效果上存在差异性。水祎舟等[3]通过实验验证了不同负荷强度与训练要素下的结合球训练设计能够满足足球运动专项无氧能力的基本要求。

在足球专项肌肉力量方面，Chelly[4]和Kotzamanidis[5]等通过快速伸缩复合训练检验对足球运动员腿部爆发力、跳跃和冲刺能力的影响，结果表明通过8周训练，运动员的专项力量都有了显著提高，而高强度的力量与速度相结合的转移力量训练设计对足球运动员跑动能力与跳跃能力产生了显著影响。Saez等[6]通过实证发现，通过专门的超等长训练和冲刺训练可以有效提高球员的爆发性动作。Mark等[7]经过实验组和控制组进行实验对比，发现短期超等长训练可以有效提高足球运动员的力量、爆发力和灵敏素质。

---

[1] Haugen T, Tonnessen E, Leirstein S, et al. Not quite so fast: effect of training at 90% sprint speed on maximal and repeated-sprint ability in soccer players [J]. Journal of Sports Sciences, 2014, 32 (20): 1979-1986.

[2] 李春满, 熊开宇, 于越, 等. 对青少年足球运动员有球专项速度耐力训练方法的实验研究——以北京国安足球俱乐部青年队为例 [J]. 北京体育大学学报, 2014, 37 (2): 114-120.

[3] 水祎舟, 黄竹杭. 足球运动专项无氧能力训练设计实证研究 [J]. 北京体育大学学报, 2017, 40 (6): 105-113.

[4] Chelly MS, Ghenem MA, Abid K, et al. Effects of in-season short-term plyometric training program on leg power, jump-and sprint performance of soccer player [J]. Journal of Strength and Conditioning Reasearch, 2010, 24 (10): 2670-2676.

[5] Kotzamanidis C, Chatzopoulos D, Michailidis C, et al. The effect of a combined high-intensity strength and speed training program on the running and jumping ability of soccer players [J]. Journal of Strength and Conditioning Reasearch, 2005, 19 (2): 369-375.

[6] Saez dve, Suarez-Arrones L, Requena B, et al. Effect of plyometric and sprint training on physical and technical skill performance in adolescent soccer pllayers [J]. Journal of Strength and Conditioning Reasearch, 2015, 29 (7): 1894-1903.

[7] Mark V, Jozsef T, Balazs M, et al. Short-Term High Intensity Plyometric Training Program Improves Strength, Power and Agility in Male Soccer Players [J]. Journal of Human Kinetics, 2013, 36 (1): 17-26.

Manolopoulos等[1]通过对比6周的一般抗阻训练和运动感知抗阻训练，发现两者在对力量和平衡能力的影响上没有显著性差异。Hoff等[2]通过8周强度高于85%的最大力量，4组×5次的深蹲训练发现，和控制组相比，训练组的最大力量、跑动经济性和无氧阈水平都得到了提高。Franno等[3]通过比较3种不同的抗阻训练频率，结果发现每周两次或每周一次的抗阻训练均可以提高足球运动员的运动表现（跳跃、冲刺和重复冲刺能力），两周一次的抗阻训练可以保持足球运动员的运动能力。Buchheit等[4]通过对比重复折返冲刺跑和爆发力训练，发现两种训练在发展球员运动能力方面存在差异性，前者可以更好地提高球员的重复冲刺能力（RSA），后者对原地纵跳（CMJ）能力产生更大的正向影响。水祎舟[5]通过6周的整合性肌肉力量训练，结果发现和对照组相比，实验组足球运动员的垂直纵跳（VJ）、30米冲刺跑（ST）、箭头灵敏跑（AAT）、30秒俯卧撑（PU）、60秒仰卧起坐（SU）、界外球投掷（TU）和踢远测试都得到显著提高。郭鹏[6]以U20女子足球运动员为研究对象，通过离心结合向心收缩的力量训练，结果发现爆发力和最大力量都得到了显著性的增长。

不同训练方法手段对足球专项技术的影响的研究主要集中在国外。

---

[1] Manolopoulos K, Gissis I, Galazoulas C, et al. Effect of combined sensorimotor-resistance training on strength, balance, and jumping performance of soccer players [J]. Journal of Strength and Conditioning Reasearch, 2016, 30（1）: 53-59.

[2] Hoff. Maximal strength traning enhances running economy and aerobic endurance performance [J]. Medicine & Science in Sports & Exercise, 2001, 33（5）: S270.

[3] Franno, et al. Effects of 3 different resistance training frequencies on jump, sprint, and repeated sprint ability performance in performances in professional futsal players [J]. Journal of Strength and Conditioning Reasearch, 2017（31）: 3343-3350.

[4] Buchheit M, Mendez-Vilanueva A, Delhomel G, et al. Improving repeated sprint ability in young elite soccer player: repeated shuttle sprints vs. explosive strength traning [J]. Journal of Strength and Conditioning Research, 2010, 24（10）: 2715-2722.

[5] 水祎舟.青少年女子足球运动员整合性肌肉力量训练设计实证研究[C]//2017年全国竞技体育科学论文报告会论文摘要汇编.

[6] 郭鹏.肌肉离心收缩结合向心收缩的力量训练对提高足球运动员爆发力和最大力量的实验研究——以陕西U20女子足球运动员为例[D].西安：陕西师范大学，2015.

Sedano[1]和Marques[2]等通过下肢的超等长力量训练，发现可以有效提高球员的爆发力，该力量素质的提高可以有效地转化为足球技术，具体表现为传出的球运行速度更快。Zago等[3]通过实证证明，和单一的训练相比，结合灵敏和技术的综合训练可以更大幅度地提高球员的冲刺能力和传球能力。Evangelos等[4]通过实验前后侧的对比发现，本体感觉训练和平衡训练可以有效地提高业余足球运动员的技术能力。Abdelkader等[5]证明空间定向和节奏训练可以有效提高17~18岁青少年足球运动员的运动速度和技术表现。Haghighi等[6]通过实验研究发现，超等长训练和抗阻训练均可以提高球员的冲刺跑能力和运球能力，但对射门的准确性都没有显著的影响。Fanarioti[7]通过实验证明，直接教学法比间接教学法更能有效地提高12~14岁青少年的足球技术。

（四）训练质量评价的方法

在训练质量的评价方法上，国内学者基本采用建立指标体系－统计分析－

---

[1] Sedano CS, Vaeyens R, Philippaerts RM, et al. Effects of lower-limb plyometric training on body composition, explosive strength, and kicking speed in female soccer player [J]. Journal of Strength and Conditioning Reaserch, 2009, 23（6）：1714-1722.

[2] Marques MC, Pereira A, Reis IG, et al. Does an in-Season 6-week Combined Sprint and Jump Training Program Improve Strength-Speed Abilities and Kicking Performance in Young Soccer Players? [J]. Journal of Human Kinetics, 2013, 39（1）：157-166.

[3] Zago M, Giuriola M, Sforza C. Effects of a combined technique and agility program on youth soccer players' skills [J]. International Journal of Sports Sciences and Coaching, 2016, 11（5）：710-720.

[4] Evangelos B, Georgios K, Konstantinos A, et al. Proprioception and balance training can improve amateur soccer players' technical skills [J]. Journal of Physical Education and Sport, 2012, 12（1）：81-89.

[5] Abdelkader M, Shady AA. Effect of spatial orientation and motor rhythm trainings on motor speed and skill performance level of soccer juniors [J]. Science, Movement and Health, 2013, 13（2）：66-72.

[6] Haghighi A, Moghadasi M, NIkseresht A, et al. Effects of plyometric versus resistance training on sprint and skill performance in young soccer players [J]. European Journal of Experimental Biology, 2012, 2（6）：2348-2351.

[7] Fanarioti M. The influence of direct and indirect teaching method in the development of selected technical skills in the sport of football to children aged 12-14 years old [J]. Journal of Physical Education and Sport, 2014, 14（3）：413-420.

建立评价标准—实际评价的研究思路，王永权等[1]通过专家确定了评价竞赛期技战术训练课质量的指标体系（训练学指标、心率指标和生化指标），并建立了大运动量、次大运动量、中运动量、次中运动量和小运动量技战术训练课的评价标准。蔡向阳、赵厚华[2]通过对我国优秀青年足球队33次大运动量课、60次中运动量课和35次小运动量课进行训练学指标统计，并重新建立了相应的评价标准。刘志云[3]通过对1992—1993年和1993—1994年我国优秀少年足球队冬训阶段大运动量训练课的练习密度和运动负荷进行统计，从而建立该年龄段大运动量训练课适宜的练习密度和运动负荷标准。温永忠等[4]、王君等[5]通过专家的多次筛选，确立了基本训练时间、练习密度、运动密度、跑动距离和技术动作5个评价训练质量的指标，并采用修正T标准分的方法建立了不同评价指标的评价标准。

五、研究现状总结

不论在学术还是实践领域，青少年足球后备人才培养一直是大家关注的焦点，如何通过不断提升训练质量来达到提高成材率的目的，这关乎足球运动的可持续发展，该任务对如何客观高效地评价训练课质量提出了更高的要求，但该方面一直是研究难点。纵观前人研究成果，本人认为仍存在以下不足。

1. 训练质量概念界定模糊

在我国运动训练中，关于运动训练质量概念的界定不明确，而且相关研究较少。概念作为研究的逻辑起点，为研究运动训练质量奠定基础，本研究借鉴国际标准化组织对于质量的概念，提出了符合现代需求的训练质量定义，并借

---

[1] 王永权，裴永久，郭军. 对竞赛期训练监测指标的研究[J]. 沈阳体育学院学报，1999（4）：32-34.

[2] 蔡向阳，赵厚华. 对我国优秀青年足球队训练课指标要求的探讨[J]. 中国体育科技，1994，30（11）：44-46.

[3] 刘志云. 对我国优秀少年足球队冬训期大运动量课练习密度和运动负荷的研究[J]. 武汉体育学院学报，1994（4）：64-67.

[4] 温永忠，王君. 我国优秀青年足球队大负荷训练课质量的综合评价[J]. 广州体育学院学报，2000，20（1）：86-88.

[5] 王君，孟宪武，刘浩. 我国U23岁足球队技战术训练课质量综合评价的研究[J]. 西安体育学院学报，1999，16（1）：65-67.

鉴前人对运动训练质量结构的研究,明确训练质量的研究范畴,为本文继续深入研究足球训练结构要素奠定了基础。

2. 训练内容缺乏统一性

现阶段我国关于16岁男子足球运动员需要重点发展的竞技能力,不论在体能、技术还是战术方面,均没有突出需要重点发展的内容,不论是青少年儿童训练大纲还是相关教材,只是对发展内容进行了简单罗列,而且在相关教材提出的发展内容中,有些实为该年龄段需要谨慎发展的,如体能中的无氧耐力,我国相关教材全部提出该素质为16岁需要发展的体能内容,其发展的科学性和必要性还需要进一步探究。

3. 训练质量评价角度单一

在足球训练质量评价的相关研究中,国内外主要从训练负荷、训练内容或训练效果三个角度对训练质量进行评价,研究维度单一,大多研究只涉及一种竞技能力要素,而且研究对象大多为备战某项关键赛事或冬训阶段的训练,训练阶段不具有较好的代表性;在评价方法上,大多沿用建立评价指标体系—统计相关指标数据—建立评价标准—实际评价的研究思路,在类似研究中,普遍存在构建的评价指标简单,难以真实地反映训练质量,另外有些指标的统计难度较大,费时费力,可操作性较低。

第三节 研究对象与方法及思路

一、研究对象

本研究以我国16岁男子高水平足球运动员训练质量为研究对象。

调查对象分别为上海申鑫16岁男子足球队(以下简称申鑫队,$n=14$)、山东鲁能泰山足球学校16岁男子足球B队(以下简称鲁能队,$n=16$)和人大附中三高16岁男子足球队(以下简称三高队,$n=16$),其中每支球队的实地调查时间为两周,共计6周,不同球队所在地点和调查起止日期,如表4所示。

表4 不同球队实地调查的地点和日期

球队名称（人数）	地点	调查日期
申鑫队（$n=14$）	上海金山体育中心	2017年8月27日—2017年9月8日
鲁能队（$n=16$）	潍坊鲁能泰山足球学校	2017年10月9日—2017年10月22日
三高队（$n=16$）	北京三高足球基地	2017年11月20日—2017年12月3日

三支球队的队员全部为2001年龄段出生（出生日期为2001年1月1日—2001年12月31日）。

二、研究方法

（一）文献研究法

本研究文献资料来源主要包括中英文图书期刊、中外文数据库和电子文献。

（1）通过中国足球协会技术部等处，收集了国际足联、日本、美国、英国、澳大利亚青少年儿童足球训练大纲，并查阅了运动训练学、质量管理学等相关著作。

（2）通过北京体育大学图书馆，对中国知网（CNKI）数据库进行检索；通过中国人民大学图书馆，对美国Web of Science数据库、EBSCO数据库进行检索，以获取相应的文献资料。

（3）在互联网上，对国际足联、欧足联以及德国足协、日本足协、中国足协等官方网站进行检索。

（二）问卷调查法

在16岁男子足球运动员技术发展目标确立的基础上，通过对从事足球教学、训练和科研的相关专家进行问卷调查，探求专家意见，确立16岁男子足球运动员重点发展的技术内容。

1. 问卷设计

根据本研究的目的，遵循问卷设计的原则和标准化要求，对研究的背景材料进行详细说明，对相关定义和研究范畴进行界定，并包含详细的填写须知。根据足球技术的攻防性质，把足球技术分为进攻技术和防守技术，根据技术动作的目的或意图，进一步细分进攻技术和防守技术，其中进攻技术包括控球技术、传接球技术、射门技术、过人技术、头球技术和掷界外球技术，防守技术包括断球技术、抢截球技术、铲球技术、封堵技术、争顶球技术和解围技术。具体见附录A。

2. 问卷发放与回收

在问卷发放对象的选择上，共分为两类，一类为高校教师，长期从事足球教学与训练，对青少年足球发展规律有着深刻的认识和理解，职称均为副教授及以上，共计10人，其中教授职称9人，副教授职称1人，分别占总人数的69.2%和7.7%。另一类为一线教练员，从事过16岁年龄阶段的教练员工作且达到亚足联A级教练员等级及以上，共计3人，占总人数的23.1%（表5-1和表5-2）。

表5-1　问卷调查专家的基本情况

姓名	工作单位	职称／教练员等级
张廷安	北京体育大学	教授
马冰	北京体育大学	教授
孙文新	北京体育大学	教授
陈效科	北京体育大学	教授
刘浩	北京体育大学	教授
任定猛	北京体育大学	副教授
姜允哲	延边大学	教授
耿建华	陕西师范大学	教授
龚波	上海体育学院	教授
史兵	陕西师范大学	教授
于远伟	鲁能泰山足球学校	亚足联A级教练员
崔立志	北京中赫国安	亚足联A级教练员
孙文广	北京中赫国安	亚足联A级教练员

表5-2 问卷发放对象的基本情况

项目	教授/研究员	副教授	教练员
人员分布	9	1	3
人员比例	69.2%	7.7%	23.1%

本研究发放和回收问卷的方式主要是现场、微信和电子邮箱三种，共发放问卷13份，回收13份，回收率100%，有效率100%（表6）。

表6 调查问卷的回收率和有效率基本情况

发放问卷	回收问卷	回收率	有效问卷	有效率
13	13	100%	13	100%

（三）实地调查法

1. 调查对象选择

2017年中国足球协会青少年男子足球U16联赛，共参赛球队36支，根据其比赛规则，第1~12名为上半区球队，为实力较强的队伍，第13~36名为下半区球队，为实力较差的队伍。为了对该年龄段球队的训练质量有一个相对全面的认识，本研究把排名第1~12名球队划分为上游球队，排名第13~24名球队划分为中游球队，排名第25~36名球队划分为下游球队。考虑到实验的可操作性，在上游、中游和下游队伍中各选择一支球队，分别为鲁能队、三高队和申鑫队（图4—图6），三支球队的基本信息如表7所示。

表7 调查对象的基本情况

球队名称	联赛排名	球队实力
鲁能队	第1名	上游
三高队	第17名	中游
申鑫队	第27名	下游

注：2017年中国足球协会U16联赛参赛球队共36支。

图4 鲁能队队员

图5 申鑫队队员　　　　　　　图6 三高队部分队员

2. 仪器和设备

本实验采用的设备和仪器主要是动量科技公司MT Sports运动实时监控系统一套（图7），包括GPS采集单元、心率采集单元和基站，已被证明具有较高的信效度（吴放[1]，2018），另外还包括秒表、纸、笔等。MT Sports运动实时监控系统采用可穿戴技术、GPS（北斗）定位技术、传感器技术、无线传输

---

[1]吴放.我国U13—U17岁男子足球运动员比赛负荷特征的实证研究[D].北京：北京体育大学，2018.

技术，并结合数据滤波、数据分析和规则验证相结合的方法，对足球运动员训练过程中的心率、速度、加速度、位移曲线等基础数据进行实时监测，监测的内容主要包括体能训练课、技术训练课、战术训练课和训练性比赛课的跑动特征（总跑动距离、不同速度的跑动距离及占比等）和心率特征（平均心率、最大心率、心率强度及不同强度区间的心率占比等），通过iPad终端的显示，对运动员的负荷量和负荷强度进行监控。

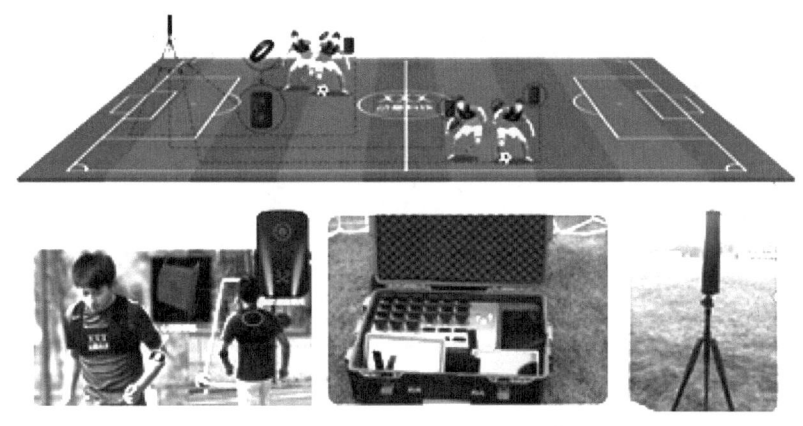

图7　MT Sports 运动监控设备

3. 负荷强度和跑动速度划分区间

本研究把球员心率划分为6个不同的区间，分别为最大心率0~49.0%的区间1、最大心率50.0%~59.0%的区间2、最大心率60.0%~69.0%的区间3、最大心率70.0%~79.0%的区间4、最大心率80.0%~89.0%的区间5和最大心率90.0%~100.0%以上的区间6，其中区间1和区间2称为低强度区间，区间3和区间4称为中强度区间，区间5和区间6称为高强度区间，具体如表8所示。

表8　本研究负荷强度等级划分一览表

负荷强度	区间	最大心率百分比（%）
低强度	区间1	0 ~ 49.0
	区间2	50.0 ~ 59.0
中强度	区间3	60.0 ~ 69.0
	区间4	70.0 ~ 79.0
高强度	区间5	80.0 ~ 89.0
	区间6	90.0 ~ 100.0

关于跑动速度的划分标准，本研究根据跑动速度的快慢，把跑动分为走慢跑、低速跑、中速跑、高速跑和冲刺跑5种类型，分别对应不同的速度区间，其中走慢跑的速度区间为$0<V\leqslant2.9m/s$，低速跑的速度区间为$2.9m/s<V\leqslant3.9m/s$，中速跑的速度区间为$3.9m/s<V\leqslant4.8m/s$，高速跑的速度区间为$4.8m/s<V\leqslant6.1m/s$，冲刺跑的速度区间为大于6.1m/s，其中高速跑和冲刺跑统称为高强度跑，具体如表9所示。

表9 本研究跑动速度等级划分一览表

跑动类型	跑速区间（m/s）
走/慢跑	0～2.9
低速跑	2.9～3.9
中速跑	3.9～4.8
高速跑	4.8～6.1
冲刺跑	6.1以上

4. 实地调查的具体操作

首先提前和球队主教练沟通，拿到球队队员名单，通过后台操作系统把球队队员名单输入。在训练课开始前，手动打开需要的GPS芯片和心率芯片，通过打开iPad训练监控软件，在实时监控模块下，把队员名字与训练监控芯片进行一一配对，按照配对结果让队员（不包括守门员）领取芯片，上臂或前臂佩戴团队心率带，后背佩戴GPS定位仪。在训练课开始时，点击iPad实时监控模式下的开始键，这样就可以对队员的整堂训练课或训练课的某个阶段进行实时监控。在完成训练课监控时，系统自动生成数据表并归入数据库，在数据库提取所需数据进行分析。

（四）测试法

1. 测试目的

由于球员的最大心率存在较大的个体差异，为更加准确地监测球员在实际训练过程中负荷强度，评价训练目标完成程度，在对球员的训练质量进行实地调查前，有必要对球员的最大心率进行确定。

2. 测试方法

首先球员围绕足球场以2分／圈的速度慢跑4圈进行热身活动，然后以90秒／圈的速度围绕足球场跑动一圈，最后一圈首先以40秒／圈的速度围绕足球场跑动半圈，然后再以30秒／圈的速度冲刺完成后半圈[1]，具体如图8至图10所示。

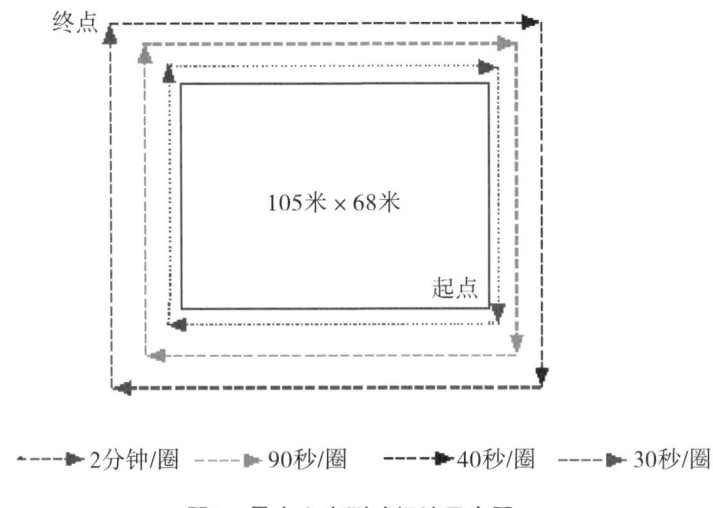

图8　最大心率测试场地示意图

图9　申鑫队最大心率测试现场 　　　图10　鲁能队最大心率测试现场

---

[1] Bangsbo. Aerobic and Anaerobic Training in soccer [M]. Denmark：Forlaget storm. 2011：91.

3. 测试设备

标志桶（盘）、秒表、MT sports训练实时监控设备一套。

4. 测试步骤

每名运动员佩戴MT sports监控设备（心率采集单元），穿戴完成后，球员按照测试方法首先以2分钟／圈的速度围绕足球场进行热身4圈，然后以90秒／圈的速度围绕足球场跑动一圈，最后以40秒／圈和30秒／圈的速度分别跑动半圈，最后测试结束，得到每名球员的最大心率值。

5. 测试要求

测试队员必须在足球场边线外进行测试，不得进入场地；队员应听从教练员的指挥调整跑动速度；最后半圈必须要全力冲刺。

6. 测试结果

图11、图12和图13分别为申鑫队、鲁能队和三高队球员的最大心率。

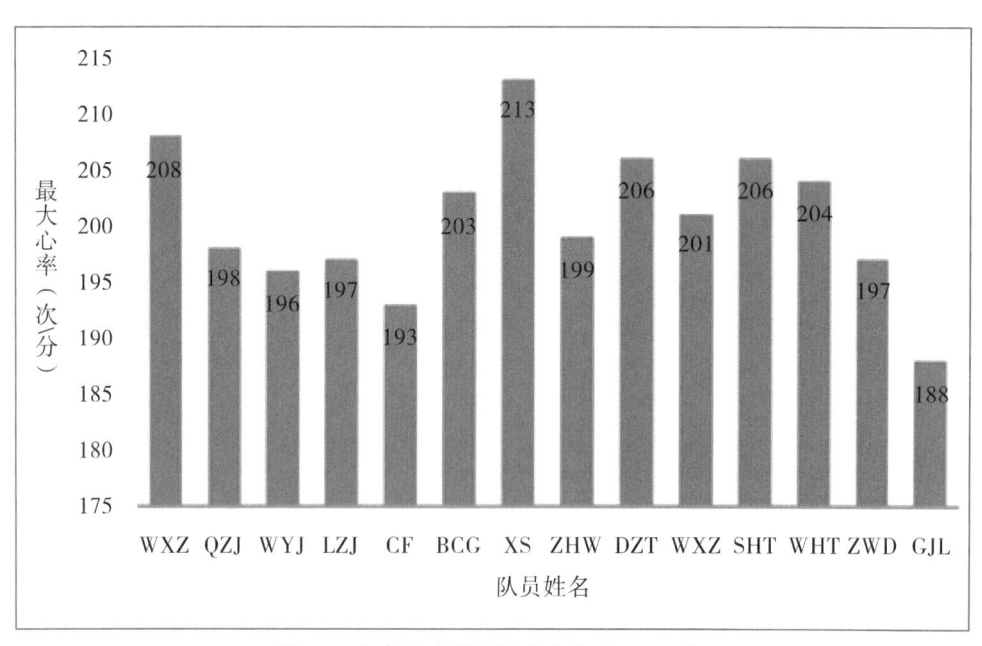

图11 申鑫队球员的最大心率（$n=14$）

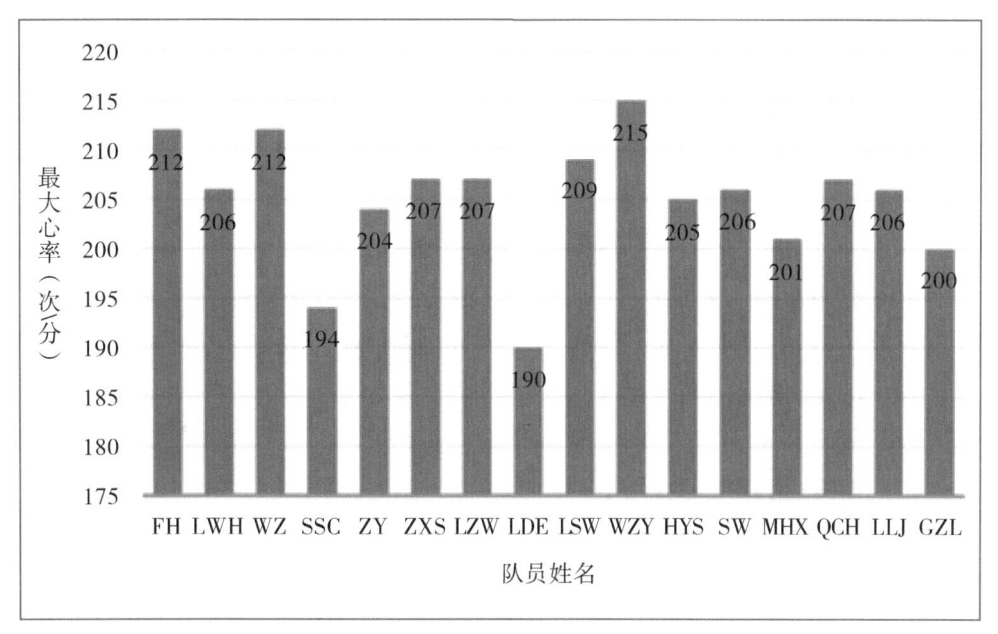

图12 鲁能队球员的最大心率（$n=16$）

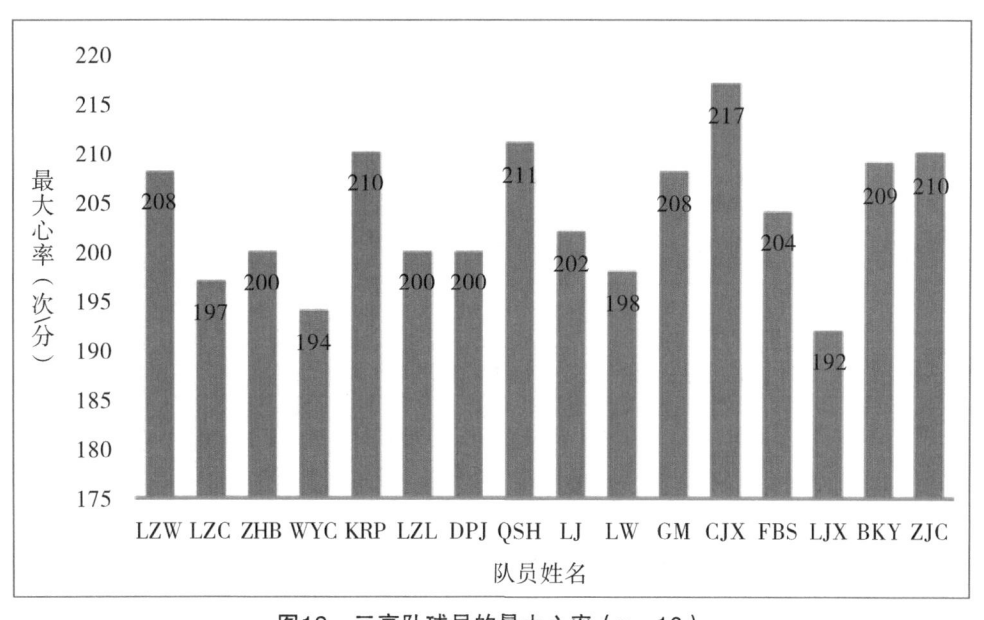

图13 三高队球员的最大心率（$n=16$）

（五）案例分析法

案例研究指对某种行为或事物单一案例的深入调查，其目的是探索行为或事物之间的因果关系。个案研究可能以个体为观察单位，也可能以社会机构和社会团体为观察单位[1]。本研究通过对不同球队典型的体能训练课（部分）进行个案分析，对训练效果产生的原因进行剖析和解读。

（六）数理统计法

根据研究需要，运用EXCEL 2015和SPSS 20.0对所得数据进行处理，包括独立样本T检验和单因素方差分析等。本研究把$P<0.05$定义为显著性差异，$P<0.01$定义为非常显著性差异。

三、研究思路（图14）

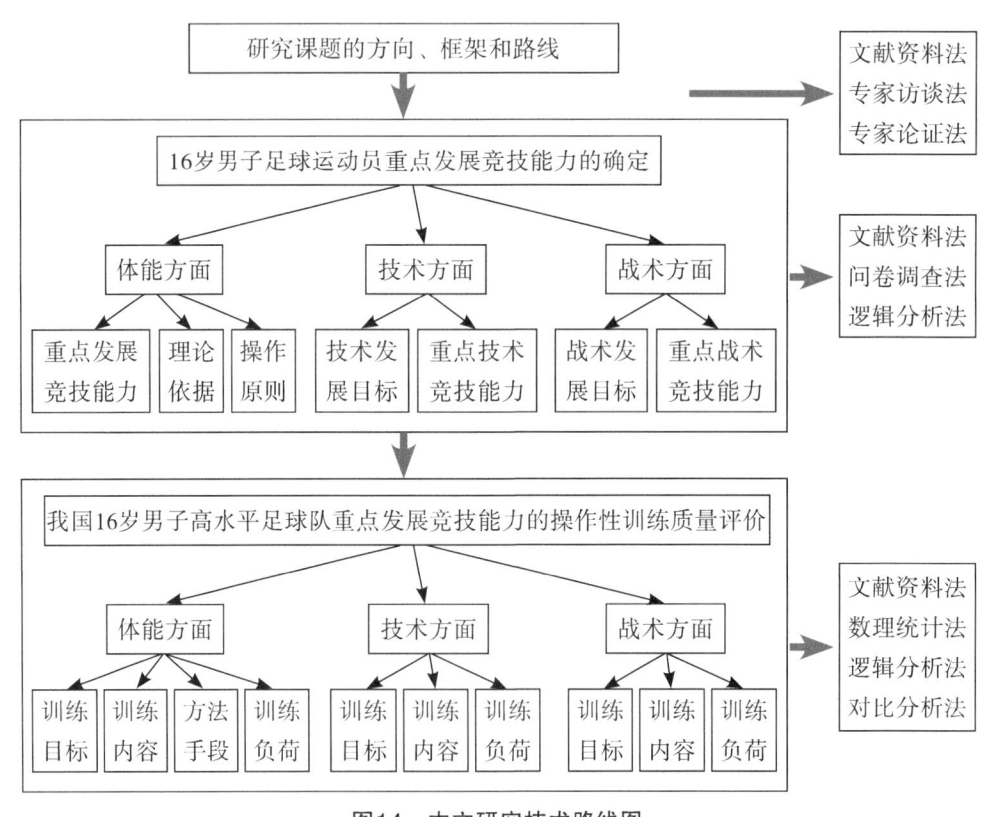

图14 本文研究技术路线图

---

[1] 张力为. 个案研究可以做成体育科学的博士论文吗？[J]. 北京体育大学学报，2002，25（5）：640-643.

第二章　足球训练质量概念与结构要素

第一节　足球训练质量

概念是反映对象本质属性或特有属性的思维形式[1]，想要对某一事物给出一个准确的概念，首先我们应该清楚"定义"是什么，"定义"原指对事物做出的明确的价值描述。现代的"定义"指对于一种事物的本质特征或一个概念的内涵和外延的确切而简要的说明；或是通过列出一个时间或者一个物件的基本属性来描述或规范一个词或一个概念的意义；被定义的事物或物件叫作被定义项，其定义叫作定义项[2]。"属+种差"是一种常用的定义方法，公式为：被定义项＝种差+邻近的属，用该方法进行定义时，首先确定被定义项的所属类别，然后把被定义项同属概念下的其他并列种概念进行比较，找出被定义项所反映的对象不同于其他种概念所反映的对象的特有属性，即种差，最后把属和种差有机结合起来。训练质量属于质量的一种，和产品质量等种概念的本质差别在于前者强调是运动训练活动和运动员需求的关系，所以把训练质量定义为"运动训练活动特征满足运动员竞技能力发展需要的程度"。足球训练质量作为训练质量的下位概念，通过明晰种差，本研究把足球训练质量定义为"足球训练活动特征满足球员竞技能力发展需要的程度"。

---

[1] 徐建华，谢朝清. 普通逻辑学[M]. 银川：宁夏人民出版社，2007：26-38.
[2] https://baike.baidu.com/item/定义/483965?fr=aladdin.

第二节 足球训练结构要素

　　结构是构成事物整体的各个部分及其搭配、组合的方式[1]。运动训练结构是多层次多因素的，在运动训练实践过程中，首先一般考虑三个基本要素，分别为运动训练实践依据与准备要素、训练实践操作要素和训练实践保障要素，三者构成了运动训练的基本结构，其中运动训练实践依据与准备要素包括训练主体、训练项目特征、训练目标、比赛任务、训练计划及训练刺激环境；训练实践操作要素包括时间要素和空间要素，时间要素指训练周期的安排，空间要素指训练内容、训练方法手段和训练负荷；训练实践保障要素包括机能强化与恢复、训练效果评定和运动员管理，其中训练实践操作要素对训练整体功能贡献最大，是运动训练的核心要素[2]。

　　借鉴运动训练结构要素的相关理论，足球训练结构也应该包括训练实践依据与准备、训练实践操作和训练实践保障三个要素。其中训练实践依据与准备主要包括足球项目特征、球员条件、训练目标、比赛安排、训练刺激环境和训练计划等，其中足球项目特征主要指供能方式、动作结构和制胜规律，球员条件指球员所处的训练阶段以及具有的竞技能力水平（包括体能、技术、战术和心理），训练目标是指依据球员所处的训练阶段和具有的竞技能力水平设立的发展目标，包括长期目标和阶段性目标两种，比赛安排是指根据比赛设置对比赛进行的规划，比赛设置一般由官方机构负责，如各个国家的足球协会等；训练计划是对训练实践所做的理论设计。训练实践操作主要包括何时练、练什么、怎么练和练多少，即训练周期、训练内容、训练方法手段和训练负荷。训练实践保障包括机体强化与恢复、训练效果评定和运动员管理等问题，机体强化与恢复是指通过营养、保健等方法对运动机能进行强化或对因训练造成的损伤进行的机体康复，训练效果评定是指对训练目标完成程度的评价，具体如图15所示。训练操作要素是训练过程的核心要素，对训练整体功能贡献最大，从逻辑上来说它对训练质量的影响程度也应该最大，所以，通过对训练实际过程中各操作要素进行分析，可以较好地反映训练质量。

---

[1] 现代汉语规范词典[M].北京：商务印书馆出版社，2004.
[2] 胡好，张英波，王传平.再论运动训练结构[J].北京体育大学学报，2009，32(10)：105-108.

第二章　足球训练质量概念与结构要素

```
足球训练结构要素体系图
├── 训练实践依据与准备要素
│   ├── 足球项目特征
│   ├── 球员条件
│   ├── 训练目标
│   ├── 比赛安排
│   ├── 训练刺激环境
│   └── 训练计划
├── 训练实践操作要素
│   ├── 训练周期
│   ├── 训练内容
│   ├── 训练方法手段
│   └── 训练负荷
└── 训练实践保障要素
    ├── 机体强化与恢复
    ├── 训练效果评定
    └── 运动员管理
```

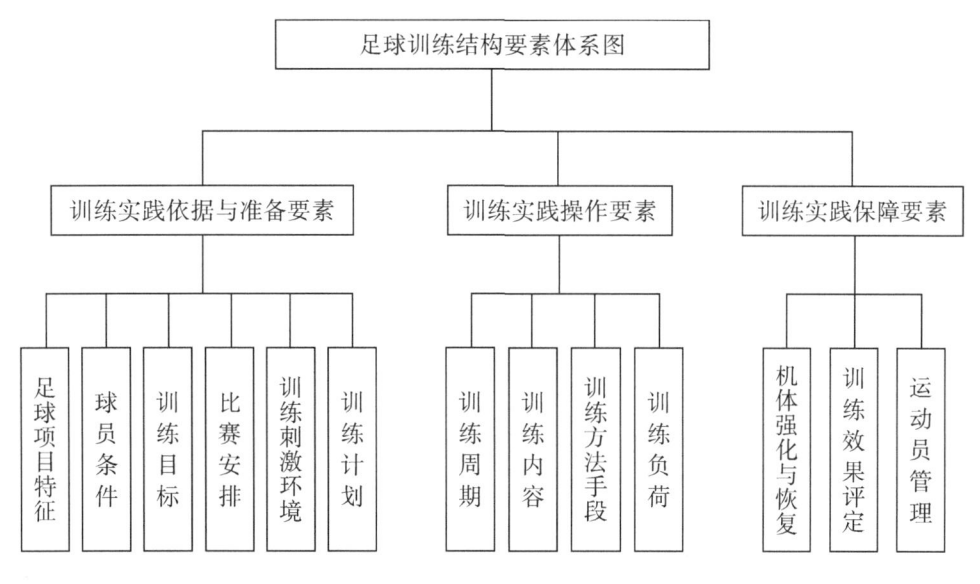

图15　足球训练结构要素体系图

　　成年足球运动员的主要任务是取得比赛胜利，训练均是围绕比赛进行，和成年足球运动员以比赛时间为节点划分训练阶段不同，青少年足球运动员的主要任务是提高其各方面的竞技能力，比赛成绩处于一个相对次要的位置，所以在实际训练中，球队并没有根据比赛时间把训练分成几个相应的阶段。通过对球队教练员进行访谈和实地调查发现，我国青少年足球均是以周为单位来进行实际训练，每周训练结构基本相似，所以在青少年足球训练操作要素中没有必要考虑训练周期的划分。本研究主要通过对训练操作要素中的空间要素来评价训练质量，主要包括训练内容、训练方法手段和训练负荷。

本章小结

　　通过本章节的归纳与总结，明确了训练质量与足球训练质量的概念，同时确定了足球训练的结构要素。本文把训练质量定义为"运动训练活动特征满足运动员竞技能力发展需要的程度"。足球训练质量是训练质量的下位概念，把足球训练质量定义为"足球训练活动特征满足球员竞技能力发展需要的程度"。足球训练结构包括训练实践依据与准备、训练实践操作和训练实践保障三个要素。其中训练实践依据与准备主要包括足球项目特征、球员条件、训练目标、比赛安排、训练刺激环境和训练计划等，训练实践操作主要包括何时练、练什么、怎么练和练多少，即训练周期、训练内容、训练方法手段和训练负荷；训练实践保障包括机体强化与恢复、训练效果评定和运动员管理等问题，机体强化与恢复是指通过营养、保健等方法对运动机能进行强化或对因训练造成的损伤进行的机体康复，训练效果评定是指对训练目标完成程度的评价。其中训练操作要素是训练过程的核心要素，对训练整体功能贡献最大，从逻辑上来说它对训练质量的影响程度也应该最大。

第三章　我国16岁男子高水平足球运动员阶段性训练安排

第一节　周训练基本模式

通过对我国16岁男子青少年足球队伍的实际调查，研究结果显示（表10、表11），三支球队均以周为基本单位来进行训练，即周一到周五5天日常训练加周六1次比赛的训练模式，即"5+1"的训练模式。虽然有时在球队正式比赛的前一周，球队会在周中增加一场训练性比赛（如鲁能队的第二周），但在日常的周训练中，球队基本按照"5+1"的训练模式进行。

表10　不同球队第一周训练的基本安排

球队名称	周一	周二	周三	周四	周五	周六	周日
申鑫队	T	T	T	T	T	G	R
鲁能队	T	T	T	T	T	G	R
三高队	T	T	T	T	T	G	R

注：T代表训练，G代表比赛，R代表休息，下同。

表11　不同球队第二周训练的基本安排

球队名称	周一	周二	周三	周四	周五	周六	周日
申鑫队	T	T	T	T	T	G	R
鲁能队	T	T	G	T	T	G	R
三高队	T	T	T	T	T	G	R

第二节　球队训练课总次数和总训练时长

在两周的训练中，三支球队共安排了44次训练课，总训练时长为4343分钟，两周平均训练次数为14.7次，平均总训练时长为1448分钟，平均每次课训练时长为98.5分钟。其中鲁能队进行了14次训练课，总训练时长为1365分钟，每次课训练时长为97.5分钟，三高队进行了12次训练课，总训练时长为1302分钟，每次课训练时长为108.5分钟，申鑫队安排的训练课次数最多，为18次，总训练时长最长，为1676分钟，每次课训练时长为93.1分钟，具体如表12所示。

表12　不同球队训练课总次数和训练时长

球队名称	训练课总次数	总训练时长（分）	每次课训练时长（分）
鲁能队	14	1365	97.5
三高队	12	1302	108.5
申鑫队	18	1676	93.1
总计	44	4343	
均值	14.7	1448	98.5

第三节　不同类型训练课次数及训练时长

训练课是运动训练活动最基本的组织形式，教练员制订的任何计划都需要通过一次次训练课的组织予以贯彻实施。运动员竞技能力的提高正是一次次训练课的效益积累的结果。根据训练课的主要目标和内容，可以把训练课分为身体训练课（体能训练课）、技战术训练课、综合训练课、测试检查和比赛课四种[1]。和高水平成年球员技术和战术训练一体化不同，在青少年阶段的足球训练中，由于其技术需要进一步熟练与巩固，使得球员技术达到自动化程度，

---

[1] 田麦久. 运动训练学 [M]. 北京：人民体育出版社，2000：430-431.

所以在训练课中，教练员还需要设置专门提升球员技术的练习内容，即技术技能训练部分，与战术训练具有明显的界限。另外，足球训练课中还经常出现综合训练课，根据其主要发展的目的，可以细分为体能训练部分、技术训练部分和战术训练部分，同时还有训练性比赛和测试检查部分。所以，根据训练课主要发展目的和内容，青少年足球训练课可以分为体能训练课、技术训练课、战术训练课、训练性比赛课和测试检查课（图16）。

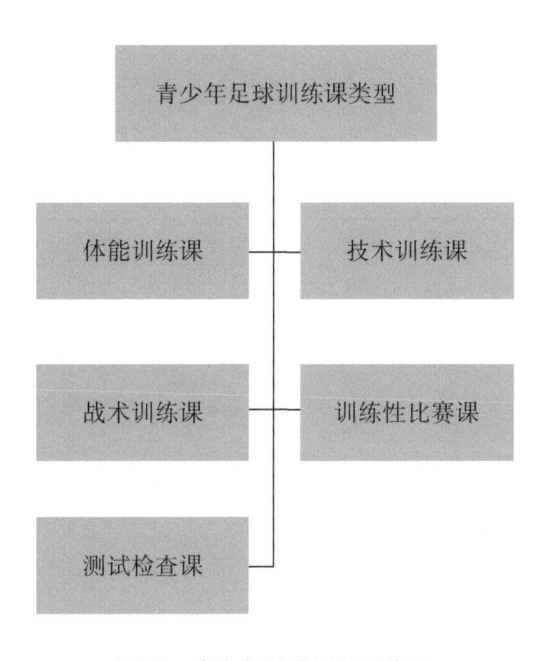

图16 青少年足球训练课类型

研究结果表明（表13），在两周的训练中，在体能训练部分，三支球队共进行训练18次，训练时长为618分钟，其中申鑫队训练次数为7次，训练时长为299分钟，鲁能队训练次数为6次，训练时长为160分钟，三高队训练次数为5次，训练时长为159分钟，三支球队平均训练次数为6次，平均训练时间为206分钟。在技术训练部分，三支球队训练的次数为25次，训练时长为1254分钟，其中申鑫队训练次数为8次，训练时长为536分钟，鲁能队训练次数为8次，训练时长为265分钟，三高队训练次数为9次，训练时长为453分钟，三支球队平均训练次数为8.3次，平均训练时间为418分钟。在战术训练部分，三支球队共进行训练16次，训练时长为615分钟，其中申鑫队训练次数为5次，训练时长为173分钟，鲁能队训练次数为8次，训练时长为303分钟，三高队训练次数为3次，训练时长为139分钟，三支球队平均训练次数为5.3次，平均训练时间为205分钟。在训练性比赛部分，三支球队共进行训练7次，其中申鑫队和三高队训练次数均为2次，训练时长分别为170分钟和180分钟，鲁能队训练次数为3次，训练时长为270分钟，三支球队平均训练次数为2.3次，平均训练时间约为207分钟。同时，我们可以看出，在两周的时间内，三支球队均没有安排测试检查环节，凸显该年龄阶段足球训练普遍缺少对训练效果的评价，难以达到对运动训练的良好控制的目的。

表13 不同类型训练课次数及训练时长

球队名称	体能训练 次数	体能训练 时长	技术训练 次数	技术训练 时长	战术训练 次数	战术训练 时长	训练性比赛 次数	训练性比赛 时长	测试检查 次数	测试检查 时长
申鑫	7	299	8	536	5	173	2	170	0	0
鲁能	6	160	8	265	8	303	3	270	0	0
三高	5	159	9	453	3	139	2	180	0	0
总计	18	618	25	1254	16	615	7	620	0	0
均值	6	206	8.3	418	5.3	205	2.3	206.7	0	0

第四节 球队负荷安排

心率是反应负荷强度的生理指标之一，具有简便易测等特点，所以多用它来反映训练课的负荷强度。因为训练中有多名队员，所以本研究采用多名球员的平均心率来反映训练课强度。每堂训练课的总心率可以在一定程度上反映训练量，总心率的计算方法为：每项练习的平均心率乘以练习时间，所有练习心率相加，即得出总心率。刘丹对总心率和跑动距离进行研究发现，两者的变化趋势呈现出相同的特征[1]。由此可以看出，总心率和跑动距离两个指标均可以反映训练量，本研究选用跑动距离作为反映训练量的指标。

---

[1] 刘丹.足球运动训练与比赛监控的理论即实证[M].北京，人民体育出版社，2011：105.

一、负荷量安排

表14是三支球队在两周的训练中每日负荷量一览表，结果表明，申鑫队在第一周训练中，队员每天平均跑动距离分别为2497米、3202米、4442米、7609米、3212米和7759米；第二周训练中，队员每天平均跑动距离分别为2531米、4506米、4480米、4036米、1624米和7447米。鲁能队在第一周训练中，队员每天平均跑动距离分别为3490米、4827米、3350米、3426米、2831米和8760米；在第二周训练中，队员每天平均跑动距离分别为3992米、4234米、8719米、4219米、4232米和8678米。三高队在第一周训练中，队员每天平均跑动距离分别为2536米、3310米、4376米、3079米、3132米和8824米；在第二周训练中，队员每天平均跑动距离分别为3630米、5730米、1747米、5811米、4116米和8494米。

表14 不同球队每日训练的跑动距离（米）

球队	第一周						第二周					
	周一	周二	周三	周四	周五	周六	周一	周二	周三	周四	周五	周六
申鑫	2497	3202	4442	7609	3212	7759	2531	4506	4480	4036	1624	7447
鲁能	3490	4827	3350	3426	2831	8760	3992	4234	8719	4219	4232	8678
三高	2536	3310	4376	3079	3132	8824	3630	5730	1747	5811	4116	8494

注：表中为训练课基本部分的跑动距离。

在周训练负荷量的安排上，三支球队也体现出了一定的差异性（图17—图19）。申鑫队在第一周负荷量的安排上，出现了两次负荷量峰值，即周一至周四负荷量逐渐增大，周四达到最大，周五负荷量下降，周六负荷量又进一步达到最大；在第二周负荷量的安排上，通过负荷量的累加效应给机体以更深的刺激，周二至周四负荷量均保持在较高水平且波动较小，周五负荷量大幅度减小，周六比赛课负荷量达到最大。鲁能队在第一周负荷量的安排上，同样安排了两次负荷量高峰，周二负荷量较大，周三、周四和周五负荷量有所下降，但仍保持在一定的范围内，周六比赛课负荷量达到最大；在第二周的负荷量安排上，同样出现了两次负荷量高峰，周一至周三负荷量不断增大，周三达到最大，周四、周五负荷量显著下降，周六比赛课负荷量又一次达到最大。三高队在第一周负荷量的安排上，也安排了两次负荷量高峰，周一至周三负荷量不断增大，周三达到一个相对比较高的值，周四周五负荷量明显降低，周六负荷量又一次达到最大；在第二周负荷量的安排上，出现了三次负荷量高峰，即大负荷量训练课和小负荷量训练课相互交替进行。

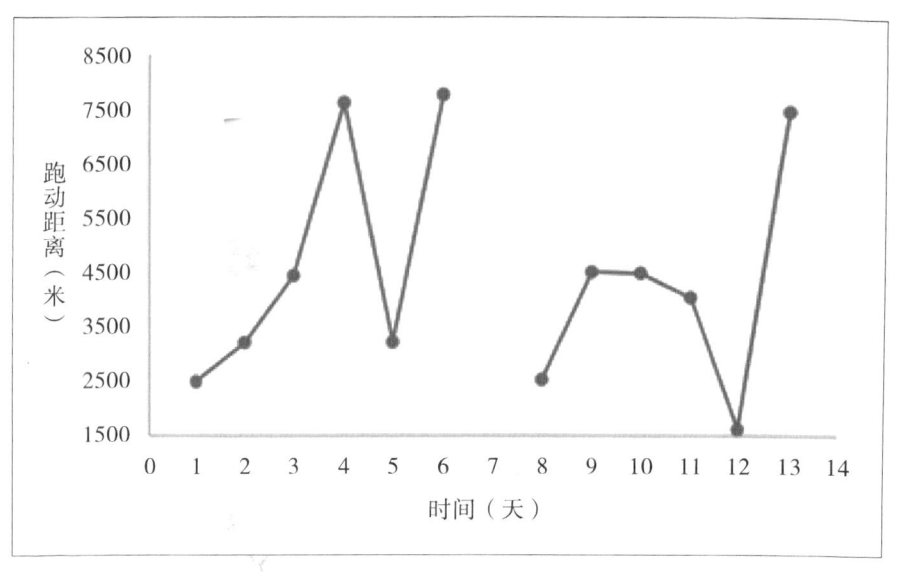

图17　申鑫队训练量安排变化

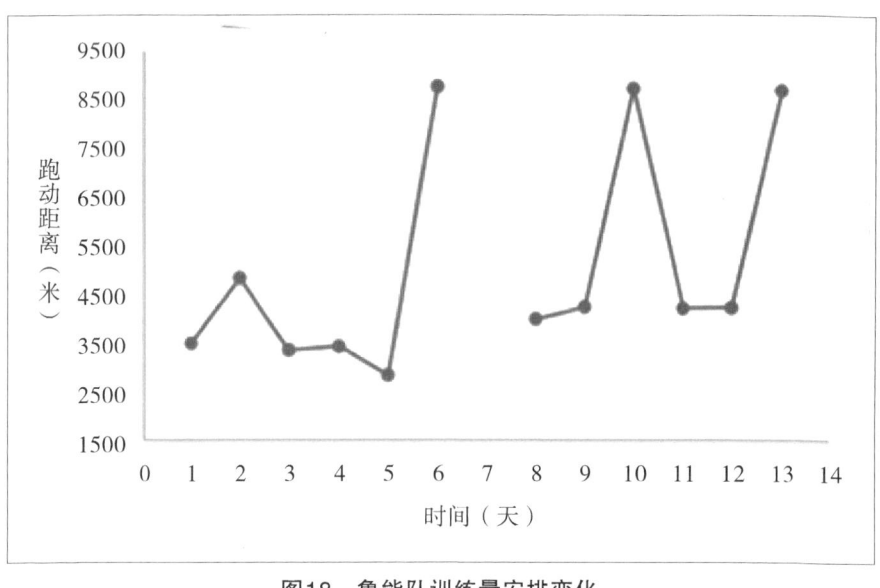

图18　鲁能队训练量安排变化

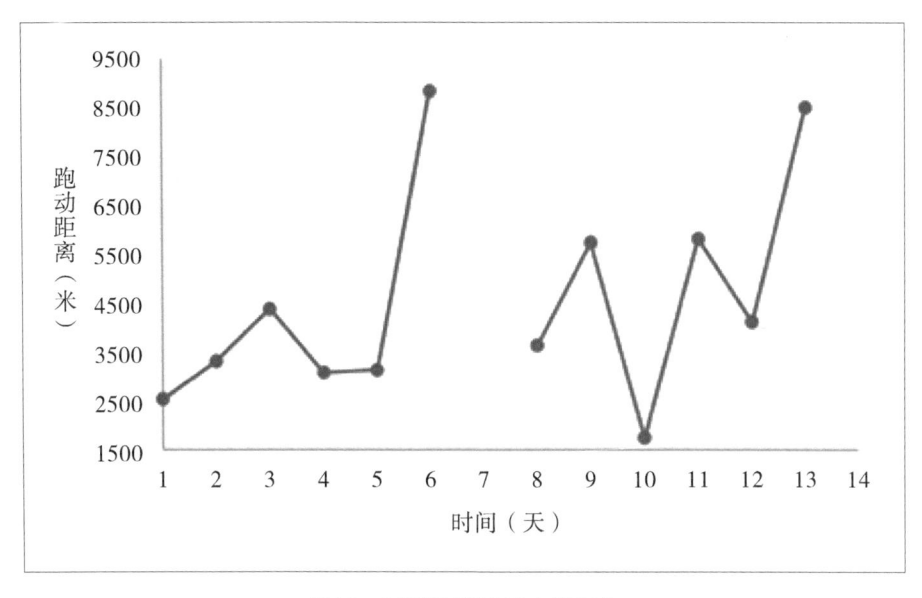

图19 三高队训练量安排变化

二、负荷强度安排

表15是三支球队在两周训练中每日负荷强度一览表，结果表明，申鑫队在第一周训练中，队员每次训练课的平均心率分别为147次／分、162次／分、161次／分、160次／分、143次／分、145次／分和168次／分；在第二周训练中，队员每次训练课的平均心率分别为132次／分、149次／分、158次／分、154次／分、146次／分、146次／分和163次／分。鲁能队在第一周训练中，队员每次训练课的平均心率分别为160次／分、161次／分、150次／分、166次／分、147次／分和171次／分；在第二周训练中，队员每次训练课的平均心率分别为167次／分、169次／分、161次／分、165次／分、157次／分和163次／分。三高队在第一周训练中，队员每次训练课平均心率分别为144次／分、141次／分、154次／分、147次／分、140次／分和168次／分；在第二周训练中，队员每次训练课的平均心率分别为153次／分、153次／分、151次／分、148次／分、146次／分和160次／分。

表15 不同球队每次训练课球员的平均心率（次/分）

球队	第一周							第二周					
	周一	周二	周三	周四*	周五	周六	周一	周二	周三	周四*	周五	周六
申鑫	147	162	161	160/143	145	168	132	149	158	154/146	146	163
鲁能	160	161	150	166	147	171	167	169	161	165	157	163
三高	144	141	154	147	140	168	153	153	151	148	146	160

注：*表示一天安排了两次训练课。

在两周的训练时间里，申鑫队每次训练课球员平均心率为150次/分，鲁能队每次训练课球员平均心率为160次/分，三高队每次训练课球员平均心率为148次/分。通过对三支球队每次训练课（不包含训练性比赛课）球员的平均心率进行单因素方差分析，研究结果表明（表16），鲁能队训练课球员的平均心率与申鑫队（$P=0.005<0.01$）、三高队（$P=0.001<0.01$）均表现出非常显著性差异，申鑫队和三高队并没有表现出差异性，从训练课负荷强度上可以在一定程度上反映球队的训练质量。

表16 不同球队每次训练课球员平均心率对比

心率指标	申鑫队 （$n=12$）	鲁能队 （$n=9$）	三高队 （$n=10$）	F	P
平均心率（次/分）	$150 \pm 9.0^{a+}$	$160 \pm 7.7^{a+b+}$	$148 \pm 5.0^{b+}$	7.318	0.003**

注：*表示不同球队之间具有显著差异的变量，$P<0.05$；**表示不同球队之间具有非常显著差异的变量，$P<0.01$。a表示申鑫队与鲁能队之间有显著性差异，a+表示申鑫队与鲁能队之间有非常显著性差异；b表示三高队和鲁能队之间有显著性差异，b+表示三高与鲁能之间有非常显著性差异。

本章小结

在周训练安排上，三支球队采用相似的周训练模式，周一到周五日常训练加周六一场比赛的训练模式，即"5+1"的周训练模式；在周训练课次数和训练总时长的安排上，三支球队均体现出了自身的特点，体现出一定的差异性。

在不同竞技能力的训练时长的安排上，由于青少年身心发展的阶段性特征，决定了在不同阶段竞技能力发展的重点应有所差异，竞技能力越重要，对应的训练时间应越长。所以，在实际训练中，通过统计球员各项竞技能力的训练时间，可以在一定程度上反映主教练对不同竞技能力重要性的认识程度。由上述数据可知，申鑫队在球员技术训练方面用时最多，体能方面其次，战术方面最少，说明该队更加重视球员技术能力和体能水平的发展；鲁能队在球员战术训练方面用时最多，技术方面其次，体能方面最少，说明该队重视培养球员多种形式的战术配合能力以及技术水平的提高；三高队在球员技术训练方面用时最多，体能和战术训练方面均较少，说明该队更加重视足球运动员技术能力的提高，体现了三支球队主教练对该年龄段重点发展的竞技能力的不同认识。

班斯伯把足球运动员的整个训练阶段过程划分为发展阶段前期、发展阶段和高级训练阶段，其中在发展阶段前期球员应重点发展足球技术，发展阶段则重点提高球员体能和战术能力，高级训练阶段则注重发展技战术和心理能力（图20）。16岁足球运动员处于发展训练阶段，体能和战术能力应该是其重点发展的竞技能力，所以教练员应在体能和战术训练方面分配更多的时

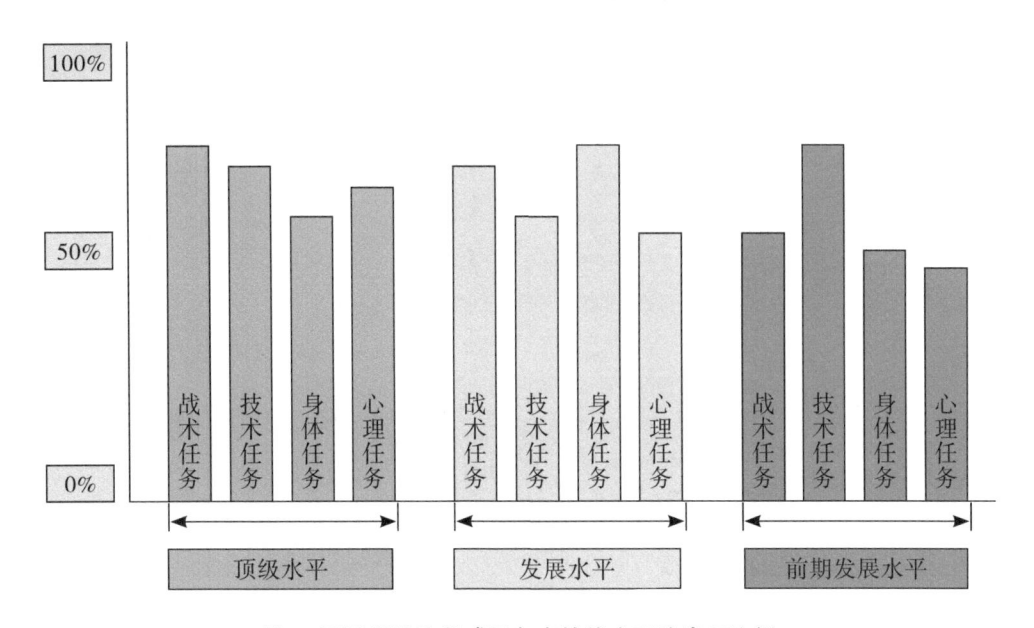

图20 不同训练阶段球员各竞技能力理论发展比例

（资料来源：《国际足联执教手册》，中国足球协会，译.北京：人民体育出版社，2016）

间，技术训练时间应相应减少。《美国足球课程》中关于16岁年龄阶段不同竞技能力训练时长的分配比例，认为体能、技术、战术和对抗比赛占比应分别为25%、15%、30%和30%[1]，战术训练占比应最高，体能其次，技术最少。从三支球队两周的阶段性训练安排可以看出，申鑫队和三高队在各自训练中技术训练时间最多，体能和战术训练时间较少，鲁能队虽然重点进行了战术能力发展，但体能训练时间明显少于技术训练时间，反映出我国16岁男子高水平足球队在各竞技能力训练时长的分配上不合理，不符合该年龄段竞技能力的发展规律。

在负荷安排上，球队大多采取了安排两次训练量高峰的周训练模式，两次训练量高峰的间隔时间为1~3天不等，较为符合周负荷量的变化规律；在负荷强度上，球队之间显现了较大的差异性，上游球队显著高于中下游球队，这或许在一定程度上可以反映球队之间训练质量的差异性。

---

[1] U.S. Soccer Federation. U.S. Soccer Curriculum [M]. Chicago, 2011: 55.

第四章 16岁男子高水平足球运动员重点发展的竞技能力

第一节 体能

一、16岁男子高水平足球运动员重点发展的体能内容

（一）国际足联

国际足联[1]提出了决定青少年比赛表现的四个关键组成部分，分别包括身体和神经运动能力、比赛相关方面、个性心智和社交能力。其中身体和神经运动能力包括协调性、灵活的身体动作和姿态、体能相关的要素（耐力、力量、速度和柔韧）；比赛相关方面包括技术的掌握、良好的战术意识（认知技能）、了解基本比赛原则和符合球队整体的战术行为能力；个性心智方面包括足球理解力（包括注意力、洞察力、预判能力以及阅读比赛全局的能力）、开放的个性和明确积极的心态；社交能力方面包括球队的归属感、为足球付出的心态和习惯、沟通交流和懂得怎样享受闲暇时间。根据青少年发展的阶段性特征，把足球青少年的培养过程划分为三个阶段，分别为基本足球训练阶段（13~15岁）、中级足球训练阶段（16~18岁）和高级足球训练阶段（19~21岁）。在体能方面，基本足球训练阶段以发展协调能力、基本耐力、肌肉力量和速度素质为重点，中级训练发展阶段强调爆发力、速度和专项耐力体能内容，高级足球训练阶段则更加注重比赛节奏、执行速度等方面的身体练习，具体如图21所示。

---

[1]国际足联.国际足联执教手册[M].中国足球协会，译.北京：人民教育出版社，2016.

建立基础	加强巩固	表现
基本足球训练：13~15岁	中级足球训练：16~18岁	高级足球训练：19~21岁
巩固-消化	稳定-自动化	表现
• 青春发育期 • 精通身体控制 • 心智困难时期 • 基本技术训练 • 技战术训练 • 压力下的个人控球 • 个人和球队的战术认知（认知能力） • 学习比赛中的原则 • 比赛中的责任感 • 通过经验积累获得基本的心理态度	• 青春期接近结束的发展阶段 • 专项身体和体能训练 • 做出明确选择的时期；向年轻成年人阶段发展时期；真实的时期 • 在压力下个人位置技术和团队技术 • 在压力之下复杂的技战术能力 • 个人专项的比赛技术 • 球队战术认知 • 作为比赛计划的进攻和防守战术行为（组织和比赛阵型） • 特殊的战术行为 • 通过特殊训练或其他技术为运动表现做好心理态度	• 成熟（建立品格） • 最适宜的体能准备 • 表现的心理态度（胜利的态度） • 专门比赛场景下适宜的技术选择 • 战术风格（不同战术场景下的灵活性和适宜性） • 比赛战略
协调-基本耐力-肌肉力量-速度	爆发力-速度-专项耐力	比赛节奏-执行速度-间歇
• 比赛-有球练习-比赛	• 团队或个人训练 • 比赛阵型-技战术训练-比赛	• 战术训练 • 比赛中战术的多样性 • 比赛阵型-转移-死球状态下的策略

图21　国际足联对于青少年训练阶段划分及发展内容的确立

（资料来源：FIFA《YOUTH FOOTBALL》）

（二）日本

日本足球协会[1]把足球青少年儿童的培养作为一个整体的概念，每个时

---
[1] 日本足球协会.青少年儿童训练大纲[M].2003.

期都是培养过程的特有阶段，具有独特的特征，采用与之相匹配的训练内容和方法非常重要，不把一时的成功和胜利作为考虑的唯一标准，更多考虑的是球员成熟时的精彩表现。把整个培养过程分为儿童阶段和青少年阶段，其中儿童阶段包括U6、U8和U10三个阶段，青少年阶段包括U12、U14、U16三个阶段，每个阶段都有明确的发展目标。体能方面，U6、U8年龄阶段主要发展目标为提高面向未来的基础运动能力以及在游戏中积累足球经验，主要是通过有球或无球的游戏促进神经系统的发育，提高协调合作的能力以及判断能力和平衡感等体能内容，运动的基本形式主要包括走、跑、停、跳跃、投、拧摔和捕捉等一些简单或复合的动作。U10阶段，孩子们的神经系统发育程度已接近成人水平，这一阶段体能的中心任务是通过前两个阶段多方面运动经验的积累，重点训练队员的协调能力，同时还要注重其判断能力的发展。U14年龄阶段，球员身体各个方面的机能快速增长，是改善有氧耐力的最佳时期。U16阶段作为向成年球员过渡的阶段，应重点进行速度、专项耐力、肌肉力量和柔韧性的体能内容。其中速度不仅仅包括直线速度，还包括急停的速度、攻防转换的速度等；肌肉力量方面，和U14阶段增强神经和肌肉的协调性来增强肌肉力量不同，该年龄段主要是专门针对肌肉系统进行抗阻训练来提高肌肉力量；耐力方面，在有氧耐力的基础上，应重点注重加入糖酵解系统的高强度有氧耐力训练，以符合专项的特征，如表17所示。

表17　日本对于不同训练阶段足球青少年体能发展内容的确立

年龄	训练阶段	体能发展内容
U6—U8	游戏阶段	基本运动能力（走、跑、停、跳跃等）
U10	黄金阶段前期	协调和判断能力为主
U12	黄金阶段	协调、稳定性、有氧耐力
U14	黄金阶段后期	协调、有氧耐力、速度、柔韧性
U16	成人入口阶段	速度、肌肉力量、专项耐力、柔韧性

（三）英格兰

英格兰足球总会[1]（The FA）作为英格兰足球的最高管理机构，其官方出版的教材《青少年球员发展技术指南》中对球员和教练员的发展目标都提出

---

[1]英格兰足球总会.未来足球——足球协会培养年轻球员的技术指南[M].2010.

了明确的要求，在对5~21岁年轻球员的培养过程中，提出了四角模式的培养理念，分别为体能、技术、心理和社交，它们之间相互关联、相互支持。在教学实践大纲中，根据青少年儿童身心发展的特点，将其分为三个阶段，分别为基础阶段（5~11岁）、提高阶段（12~16岁）、职业发展阶段（17~21岁）。关于体能，在基础阶段，主要以发展基础运动为主，基础运动主要包括灵活性、平衡能力、协调性和速度素质等；在提高阶段，体能以提升有氧能力为主；在职业发展阶段，体能方面注重增大肌肉密度，提高肌肉力量，提高冲刺能力，提升乳酸耐受能力和恢复能力，具体如表18所示。

表18 英格兰对于不同训练阶段足球青少年体能发展内容的确立

年龄	训练阶段	体能发展内容
5~11岁	基础阶段	灵活性、平衡能力、协调能力、速度、跑跳投、控制能力、综合活动能力
12~16岁	提高阶段	有氧能力
17~21岁	职业发展阶段	肌肉密度、肌肉力量、冲刺能力、耐酸能力

（四）美国

《美国足球课程》[1]指出，青少年儿童不可能像成年人一样用同一种方式去学习，尤其是学习过程中包含智力和体能的成分，在任何方面的学习过程中，年龄都是选择学习内容和方法的重要依据，所以足球训练课程必须适应不同年龄的青少年儿童。在实际训练过程中，把足球青少年儿童培养过程划分为四个阶段，分别为开始训练阶段（U6~U8）、基础训练阶段（U9~U12）、中级训练阶段（U13~U14）和高级训练阶段（U15~U18），每个阶段内容均围绕体能、技术、战术和心理四个方面进行，但随着训练阶段的不同，四个方面所占的训练时间比例呈动态性变化趋势，而且随着年龄阶段的不同，体能、技术、战术和心理方面优先发展的内容也存在差异。在体能方面，开始训练阶段主要发展结合球的基本运动技能（如走、跑、跳等）；基础训练阶段主要以发展速度、协调、平衡和灵敏素质为主；在中级训练阶段，力量和速度是其重点发展的体能内容；在高级训练阶段，主要是以发展耐力、力量和速度为主，如

---

[1] U.S.Soccer Federation. U.S.Soccer Curriculum [M]. Chicago, 2011.

表19所示。此外,美国大纲还对每个年龄阶段的青少年在体能方面优先发展的素质进行了明确,认为爆发力、有氧功和非循环速度是16岁男子足球运动员需要重点发展的体能内容,如表20所示。

表19　美国对于不同训练阶段足球青少年体能发展内容的确立

年龄	训练阶段	体能发展内容
U6~U8	开始训练阶段	基本的运动技能（走、跑、跳等）
U9~U12	基础训练阶段	速度、协调、平衡、灵敏
U13~U14	中级训练阶段	力量、速度
U15~U18	高级训练阶段	耐力、力量、速度

表20　美国关于16岁足球运动员体能素质发展重要程度一览表

力量	力量耐力	3
	爆发力	4
	最大力量	1
耐力	有氧能力	4
	有氧功	5
	无氧乳酸能力	2
	无氧非乳酸能力	2
速度	反应能力	3
	加速能力	4
	最大速度	3
	速度耐力	1
	非循环速度	5
柔韧灵活		3
协调平衡		2
灵敏		4
基本运动能力		
感知觉		5

注：表中数字表示该素质的重要程度,资料来源《U.S. Soccer Curriculum》。

（五）16岁男子高水平足球运动员重点发展的体能内容

通过分别对国际足联、英国、美国、澳大利亚等世界足球发达国家的青少年足球训练大纲进行总结，发现不同组织／国家在青少年儿童足球训练操作性训练理念上，均依据青少年儿童生理和心理发展特点，把足球青少年儿童的整个培养过程科学地划分为几个阶段，体现了阶段性的发展特征。关于16岁男子足球运动员体能方面优先发展的素质内容，《国际足联执教手册》认为16岁足球运动员处于中级训练阶段，主要发展目标是获得良好的运动表现，体能方面应重点进行爆发力、速度、专项耐力方面的训练；《日本足球青少年大纲》认为16岁足球运动员处于向成人足球转化的阶段，体能方面应重点进行速度、肌肉力量、专项耐力和柔韧性方面的练习；澳大利亚《国家足球教程》认为16岁男子足球运动员处于比赛训练阶段，有氧耐力是该年龄段重点发展的体能素质；英格兰足球总会所著的《未来足球》一书中认为16岁足球运动员处于训练提高阶段，有氧耐力是该年龄段优先发展的体能素质；《美国足球课程》对每个年龄阶段在力量、耐力、速度等方面需要发展的具体内容都进行了明确，认为16岁男子足球运动员应重点发展爆发力、有氧能力、有氧功、加速能力和非循环速度等体能内容；《中国青少年儿童足球训练大纲》则认为无氧耐力、专项力量、灵敏性、专项协调性、踝膝髋的专项灵活性和柔韧性是该年龄阶段重点发展的体能内容，如表21所示。虽然不同组织／国家对该年龄段重点发展的体能素质内容并不十分统一，但有氧耐力素质被大家一致认同是该年龄段需要重点发展的体能内容。

表21 不同组织／国家关于16岁男子足球运动员体能重点发展内容

组织／国家	体能发展内容
国际足联	爆发力；速度；专项耐力
日本	速度；肌肉力量；专项耐力；柔韧性
澳大利亚	有氧耐力
美国	爆发力；有氧能力；有氧功；加速能力；非循环速度
英国	有氧耐力
中国	无氧耐力；专项力量；灵敏性；专项协调性；踝膝髋专项灵活性；柔韧性

关于足球专项中的有氧耐力，丹麦学者班斯伯对其分类方式有很强的代表性，并被足球从业者普遍接受，根据足球比赛中球员心率的变化，把足球专项

有氧耐力分为有氧低强度耐力、有氧中强度耐力和有氧高强度耐力，低强度有氧训练指队员进行轻微活动的身体运动，通常安排在比赛后第一天或者是在大强度训练的恢复期进行，平均负荷强度为最大心率的65%；中强度有氧训练的目的是增加肌肉中（外周部分）毛细血管密度与肌肉氧化能力，其功能意义在于增强底物的利用效率，从而提高运动员的耐力水平，平均负荷强度为最大心率的80%；高强度有氧训练的主要目的是改善影响最大摄氧量的中心性因素，如心脏的泵血能力，这些改善都可以增强运动员在长时间比赛中持续进行高强度运动的能力，平均负荷强度为最大心率的90%，需要有氧、无氧供能系统的混合参与（表22）。

表22 足球运动员专项有氧耐力分类

负荷强度	平均（最大心率百分比）	范围（最大心率百分比）	供能系统
有氧低强度	65%	50%~80%	有氧系统
有氧中强度	80%	70%~90%	有氧系统
有氧高强度	90%	80%~100%	有氧+无氧系统

注：资料来源《Aerobic and Anaerobic in soccer》。

国际足联把有氧耐力分为一般耐力和专项耐力，强度区间1为基础耐力区间，强度区间2为基础有氧能力区间，两者构成了足球运动员的一般耐力，一般耐力指在中等强度下利用有氧系统长时间运动的能力，主要目标是发展运动员的有氧能力，发展负荷强度为最大心率的70%~80%，在该阶段训练的重点在于量的积累。强度区间3为有氧功区间，主要目标是发展足球运动员的有氧功耐力，强度区间4为最大有氧功区间，主要目标是发展足球运动员的最大有氧功耐力，有氧功耐力和最大有氧功耐力构成了足球的专项耐力（表23）。专项耐力是一种高强度耐力，指在有氧和无氧系统的混合参与下，保持长时间高强度动态性运动的能力，发展负荷强度为最大心率的85%~97%甚至100%，该阶段训练的重点在于训练的强度，其训练目的是提高最大摄氧量或者提高有氧功率，有氧功耐力是在无氧阈强度以下，以发展足球运动员一般性的专项耐力为目标，在有氧系统或有氧、无氧系统的混合参与下进行，表示在强烈的运动中，利用外周有氧系统（心血管）和主要肌肉系统（肌肉力量／快肌纤维）机体单位时间内可以利用的最大氧量，训练时平均负荷强度为最大心率85%以及最大有氧速度的85%~100%；最大有氧功耐力是在无氧阈强度进行，以发展高强度的专项耐力为目标，需要有氧、无氧供能系统的混合参与，最大有氧功是机体达到最大摄氧量时的功率水平，相当于最大有氧速度（MAS），训练时的负荷强度为最大心率的90%~97%以及最大有氧速度的100%~120%，最大有氧功训练可以更大幅度地发展运动员的有氧耐力储备，提高无氧阈值、乳酸耐受性以及利用乳酸的能力。

表23 国际足联对有氧训练中发展运动员储备（最大摄氧量）的强度区间

强度区间	能量系统	负荷强度	最大心率百分比 最大有氧速度百分比
强度区间5 氧债并产生乳酸下训练 乳酸耐受	无氧乳酸系统 抵抗高负荷量的训练 乳酸耐受性 （欲望、精神力量）	无氧阈值以上强度训练 氧债下进行训练 最大及以上的强度 快肌纤维大量工作	无氧高强度 最大心率95%~100% 最大有氧速度90%~140%
强度区间4 提高无氧阈值 短时间持续训练 增强"涡轮"模式	有氧+无氧系统 最大有氧功 （MAP） 专项耐力（高强度）	无氧阈强度训练 提高无氧阈值 高到非常高的强度 高强度比赛节奏 动用快肌纤维	有氧/无氧高强度 最大心率90%~97% 最大有氧速度100%~120%
强度区间3 长时间发展工作量区间 发展"引擎"	有氧系统（+无氧） 有氧功（AP） 专项耐力（一般）	无氧阈强度下训练 动用快肌纤维 平均比赛节奏 （心率173~180）	有氧高强度 最大心率80%~90% 最大有氧速度 85%~100%
强度区间2 自然基础区间 建立储备	有氧系统（单独） 有氧能力耐力（AC） 自然耐力（一般）	纯有氧训练 中等强度 基础技战术的训练节奏	有氧中强度 最大心率70%~80%/85% 最大有氧速度70%~80%
强度区间1 基础耐力区间 刺激心血管系统	有氧氧化系统 基础有氧耐力 作用于毛细血管	恢复和体能训练 中低强度 战术训练的节奏	有氧低强度 最大心率60%~70% 最大有氧速度50%~70%

注：引自《FIFA YOUTH FOOTBALL》。

美国把足球专项耐力素质分为足球专项有氧耐力和足球专项无氧耐力两类,其中足球专项有氧耐力包括有氧能力和有氧功耐力,无氧耐力包括无氧乳酸耐力和无氧非乳酸耐力(图22)。有氧能力是指在有氧供能系统占绝对主导时身体活动的能力,在该形式的运动中,不会造成机体内的破坏,能量产生和能量消耗两者之间处于一种平衡的状态。有氧功耐力指在动态身体活动中,有氧和无氧供能系统混合参与下,保证长时间持续良好运动表现的能力。在该种形式的运动中,除了有氧供能系统的参与外,还需要其他供能系统提供能量,其他供能系统在提供能量的同时,还会给机体带来破坏和负担,机体内能量产生和能量消耗两者之间的平衡关系被限制,同时规定发展有氧功时负荷强度应高于最大心率的85%,训练持续时间为2~3分钟。

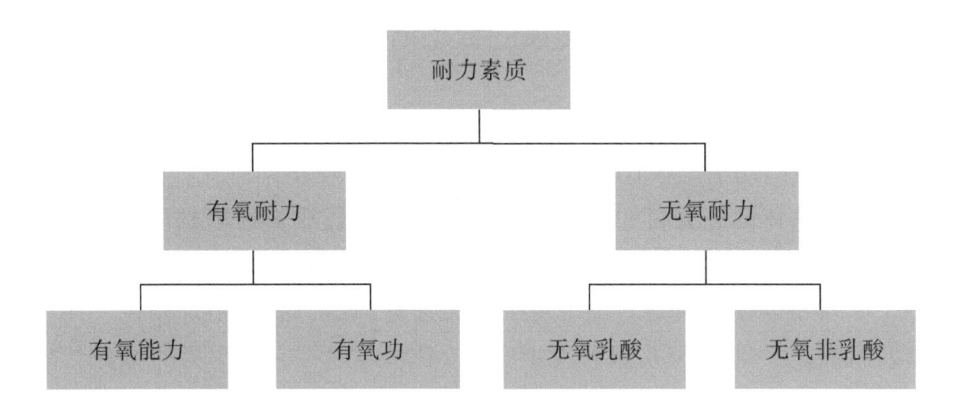

图22 美国足球大纲关于耐力素质的分类(资料来自《U.S. Soccer Curriculum》)

通过对专项耐力和有氧功的定义及发展所需要的强度进行对比和分析,并结合学者班斯伯对足球专项有氧耐力的分类和训练原则,两者所提出的素质在实质上是有氧高强度耐力,本研究把其称为高强度有氧耐力。国际足联对高强度有氧耐力进行了更加细致的分类,把其分为有氧功耐力(aerobic power endurance)和最大有氧功耐力(maximum aerobic power endurance)。有氧功训练和最大有氧功训练的差异主要表现在发展球员有氧储备时的强度,有氧功训练的强度为足球比赛的平均强度,心率为175~178次/分,相当于球员最大心率的85%~90%,通过训练可以优化球员的专项耐力;最大有氧功训练需有氧强度达到最大水平,即最大摄氧量时的运动强度,该强度对应球员最大心率的90%~96%甚至100%，和有氧功训练相比，它可以更大幅度地增加球员的有氧耐力储备，提高无氧阈以及更强的耐受乳酸的能力，从而提高比赛节奏，同时还可以提高个人的最大摄氧量和最大有氧速度。所以，16岁男子足球运动员需要重点发展的体能内容为高强度有氧耐力，包括有氧功耐力和最大有氧功耐力。和有氧功耐力相比，最大有氧耐力训练可以更深刻地刺激球员的中心性因素，提高其最大摄氧量，从而更大幅度地提高球员的高强度有氧耐力。

二、高强度有氧耐力为该年龄段重点发展的理论依据

（一）青少年耐力素质发展的敏感期

运动生理学认为，耐力素质包括有氧耐力和无氧耐力。目前认为，有氧耐力发展的敏感期为男孩10~17岁、女孩9~14岁及16~17岁。如果是以提高心肺功能和整体健康为目的的有氧练习，其强度较小，可以较早进行，特别在青春期给予着重发展。因为只有增强内脏器官的功能，才能提高身体健康水平。如果是以提高耐力专项为目的的大强度训练，必须相对较晚（16~17岁）。所以，一般认为儿童和青少年从8岁起可进行有氧耐力的练习，多利用慢跑的方式进行心肺功能的适应性练习；11~12岁主要以有氧耐力训练为主，改进氧气输送系统和肌肉代谢的功能；16~17岁能进行大强度的有氧及无氧耐力训练[1]。

运动训练学认为，儿童和青少年耐力素质是随着年龄的增长而逐渐提高的，一般来讲，女孩9岁时，耐力提高的速度较快；12岁时，耐力再次提高；当她们进入性成熟后第二年（14岁起）耐力水平将逐年下降；到15~16岁时，耐力水平下降得最多。男孩在10岁、13岁和16岁时，耐力素质有大幅度的提高[2]。

图23为人体不同运动素质发育的敏感期及不同年龄阶段训练的强度说明，有氧耐力素质发展的敏感期相对较长，从10岁一直持续到18岁甚至以后，但在不同的年龄阶段，训练强度有所差异，在10~12岁年龄阶段，以低负荷强度来

---

[1] 王瑞元.运动生理学[M].北京：人民教育出版社，2010：459.

[2] 田麦久.运动训练学[M].北京：人民教育出版社，2000：224.

发展有氧耐力，12~14岁和14~16岁年龄阶段以中等负荷强度来发展有氧耐力，16~18岁年龄阶段以高负荷强度来发展有氧耐力，负荷强度不同发展的有氧耐力素质也不尽相同，由此可以得出，16~18岁年龄阶段需要发展的是球员的高强度有氧耐力。

运动素质	6~10岁	10~12岁	12~14岁	14~16岁	16~18岁	18岁以上
体力				○	○○	○○○
速度			○	○○	○○○	→
耐力				○	○○	○○○
有氧耐力		○	○○	○○	○○○	→
无氧耐力						
抗干扰能力			○	○○		○○○
反应速度	○	○○	○	○○	○○○	→
无球速度	○					→
有球速度		○	○○	○○	○○○	→
灵活	○○○	○○○	○○	○○	○○	→
配合能力	○	○○	○○	○○○	○○○	→

图23 人体运动素质发育敏感期分布表（引自《足球训练指导》）[1]

注： ○表示低强度训练，训练方式以娱乐内容为主；○○表示强度不断增加，结合一般化和专业化的训练内容；○○○表示高强度训练，结合一般化和专业化的训练内容。

（二）高水平足球比赛需求

在一场足球比赛中，超过90%的能量供应是由有氧系统提供的[2]，球员的跑动距离大约为10公里[3]，而且强度接近无氧阈强度，用最大心率百分

---

[1] Gerhard Bauer. 足球训练指导 [M]. 于大川，译. 北京：人民体育出版社，1997.

[2] Bangsbo J. Energy demands in competitive soccer [J]. J Sports Sci, 1994, 12 (special no): S5–12.

[3] Bangsbo J, Nørregaard L, Thorsøe F. Activity profile of competition soccer [J]. Can J Sport Sci, 1991, 16: 110–116.

比来表示，约为足球运动员最大心率的80%～90%[1]，相关结论已被不同国家、不同水平和不同性别的比赛所证实（表24）。

表24 不同国家/水平足球比赛球员的心率

研究者	级别/国家（性别）	样本量	比赛类型（时间）	心率（次/分）	最大心率百分比（%）
Ali and Farrally[2]	半职业/苏格兰（男）	9	联赛（90）	172	
	大学/苏格兰（男）	9	联赛（90）	167	
	业余/苏格兰（男）	9	联赛（90）	168	
Bangsbo	联赛/丹麦（男）	6	联赛（90）	159	
	精英/丹麦（女）	1	国际比赛（80）	170a	89-91a
Brewer and Davis[3]	精英/瑞典（男）		联赛（90）	175	82.2
Helgrud等	精英青少年/挪威（男）	8	联赛（90）		85.6
	团队训练/挪威（男）	9	联赛（90）		
Mohr等[4]	第四级别/丹麦（男）	9	友谊赛（90）	160	
	第四级别/丹麦（男）	16	友谊赛（90）	162	
Ogushi等[5]	联赛/日本（男）	2	友谊赛（90）	161	
Reilly[6]	联赛/英格兰（男）		友谊赛（90）	157	
Seliger[7]	不详/捷克			165	80

[1] Reilly T, Ball D. The net physiological cost of dribbling a soccer ball [J]. Res Q Exerc Sport, 1984, 55: 267-71.

[2] Ali A, Farrally M. Recording soccer players' heart rates during matches [J]. J Sports Sci, 1991, 9: 183-189.

[3] Brewer J, Davis J. The female player [M]. London: Blackwell Scientific, 1994: 95-99.

[4] Mohr M, Krustrup P, Nybo L, et al. Muscle temperature and sprint performance during soccer matches: beneficial effect of re-warm-up at half-time [J]. Scand J Med Sci Sports, 2004, 14 (3): 156-162.

[5] Ogushi T, Ohashi J, Nagahama H, et al. Work intensity during soccer match-play [J]. Science and football II, 1993: 121-123.

[6] Reilly T. Fundamental studies on soccer [J]. Sportswissenshcaft und Sportpraxis, 1986: 114-121.

[7] SeligerV.Heart rate as an index of physical load in exercise [J]. Scr Med (Brno), 1968, 41: 231-240.

第四章　16岁男子高水平足球运动员重点发展的竞技能力

（续表）

研究者	级别/国家（性别）	样本量	比赛类型（时间）	心率（次/分）	最大心率百分比（%）
Strøyer等[1]	早期青少年精英/丹麦（男）	9	联赛（90）	175	86.8
	后期青少年精英/丹麦（男）	7	联赛（90）	176	87.1
Van Gool等[2]	大学/比利时（男）	7	友谊赛（90）	167	

注：a表示三场比赛的平均。

国际足联通过对U18足球比赛中球员心率进行监控，记录了比赛中球员不同强度运动的持续时间，发现在90分钟的比赛中，比赛强度在最大心率85%~90%区间的时间为28~30分钟，比赛强度在最大心率90%~95%的区间时间为18~20分，比赛强度在最大心率95%~100%的区间为8~12分，60~70分钟球员的运动强度在最大心率的85%以上，如图24所示。

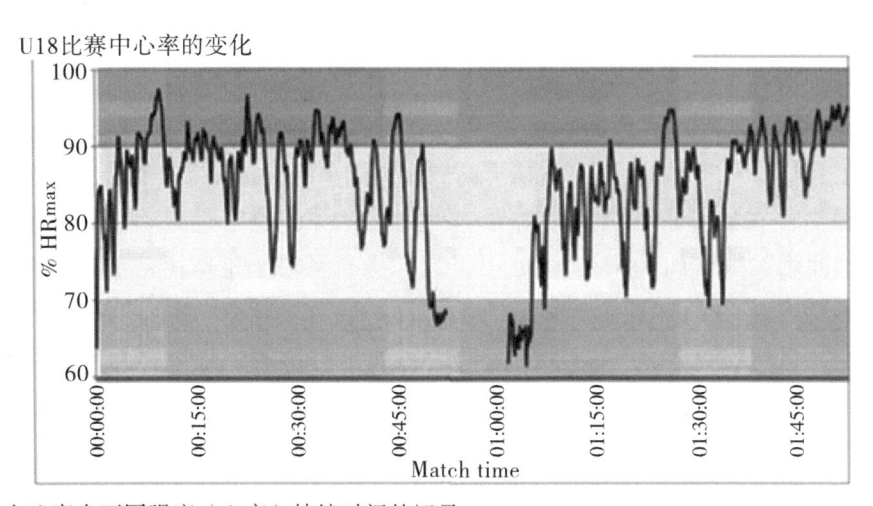

在比赛中不同强度（心率）持续时间的记录
-28~35分　最大心率的85%~90%
-18~20分　最大心率的90%~95%
-8~12分　最大心率的95%~100%
-在比赛中60~70分钟，足球运动员的负荷强度在最大心率（HR$_{max}$）的85%以上

图24　U18足球比赛中球员心率变化（资料来源：FIFA《YOUTH FOOTBALL》）

---

[1] Strøyer J, Hansen L, Hansen K. Physiological profile and activity pattern of young soccer players during match play [J]. Med Sci Sports Exerc, 2004, 36（1）: 168-74

[2] Van Gool D, Van Gerven D, Boutmans J. The physiological load imposed in soccer players during real match-play [J]. Science and football, 1988: 9-51.

由此可见，在足球比赛中，球员心率一直处于较高的水平，为最大心率的80%~90%，接近无氧阈强度，在该种强度下，机体的能量供能需要有氧系统和无氧糖酵解系统的混合参与，这时球员机体的有氧能力已经达到了很高的水平。所以，足球比赛需要球员保持长时间高强度的运动能力。

（三）高强度有氧训练对比赛表现的积极影响

运动员有氧耐力表现主要受到三个因素的制约，分别为最大摄氧量（VO_{2max}）、乳酸阈（LT）和跑动的经济性（C）[1]，其中最大摄氧量被认为是影响有氧耐力表现最重要的因素，其定义为在大量肌肉参加的动态活动中，机体所能摄取的最大氧量[2]。前人研究已证实最大摄氧量和比赛跑动距离存在显著性相关，而且和球队排名存在正相关[3]。上述研究也被其他学者证实，在挪威精英联赛中排名靠前的球队和排名靠后的球队在最大摄氧量上存在显著性差异[4]，Helgerud[5]等通过对足球运动员进行8周高强度间歇跑训练，强度为最大心率的90%~95%，最大摄氧量提高了11%（从58.1ml／kg／min提高到64.3ml／kg／min）。随着最大摄氧量的提高，在比赛中球员跑动总距离增加了20%，控球时跑动距离增加了23%，冲刺次数增加100%，由此可见最大摄氧量对于足球运动员运动表现的重要影响。

在大量肌肉参加的动态性的活动中，如足球比赛，最大摄氧量主要受到最大心输出量的影响，其中最大每搏输出量被认为是影响最大摄氧量的主要因素，增加每搏输出量可以提高最大摄氧量的水平。高强度有氧训练

---

[1] Pate RR, Kriska A. Physiological basis of the sex difference in cardiorespiratory endurance [J]. Sports Med, 1984, 1（2）: 87-89.

[2] Wagner PD. Determinants of maximal oxygen transport and utilization [J]. Annual Review of Physiology, 1996, 58（1）: 21-50.

[3] Apor P. Successful formulae for fitness training [J]. Science and Football, 1988: 95-107.

[4] Wisloff U, Helgerud J, Hoff J. Strength and endurance of elite soccer players [J]. Med Sci Sports Exerc, 1998, 30（3）: 462-467.

[5] Helgerud J, Engen LC, Wisløff U, et al. Aerobic endurance training improves soccer performance [J]. Med Sci Sports Exerc, 2001, 33（11）: 1925-1931.

可以有效地改善心血管机能,如心脏体积[1]、血液流动速度[2]和动脉扩张性[3]。这些改变可以提高心血管系统运输氧的能力,结果表现为肌肉和肺更快的氧气供应[4]和更高水平的最大摄氧量[5],如此,有氧系统可以提供更大比例的能量,保证球员在更长时间内维持高强度运动和更快的恢复速度。

三、高强度有氧耐力操作性训练原则

（一）发展目的

目的一：提高无氧阈水平。
目的二：提高球员的最大摄氧量水平。
目的三：提高球员长时间高强度运动的能力。
目的四：提高球员在高强度运动后快速恢复的能力。

（二）负荷强度

高强度有氧耐力可以分为有氧功耐力和最大有氧功耐力,两者发展所需要的负荷强度也存在差异。有氧功耐力需要的负荷强度为有氧阈强度以下,对应球员最大心率的80%～90%,85%～100%的最大有氧速度,最大摄氧量

---

[1] Ekblom B. Effect of physical training in adolescent boys [J]. Journal of Applied Physiology, 1969, 27 (3): 350-355.

[2] Laughlin MH, Roseguini B. Mechanisms for exercise training-induced increases in skeletal muscle blood flow capacity: differences with interval sprint training versus aerobic endurance training [J]. J Physiol Pharmacol, 2008, 59 (suppl 7): 71-88.

[3] Rakobowchuk M, Stuckey MI, Millar PJ, et al. Effect of acute sprint interval exercise on central and peripheral artery distensibility in young healthy males [J]. Eur J Appl Physiol, 2009, 105 (5): 787-795.

[4] Bailey S, Wilkerson D, Dimenna F, et al. Influence of repeated sprint training on pulmonary O_2 uptake and muscle deoxygenation kinetics in humans [J]. J Appl Physiol, 2009, 106 (6): 1875-1887.

[5] Helgerud J, Engen L C, Wisloff U, et al. Aerobic endurance training improves soccer performance [J]. Med Sci Sports Exerc, 2001, 33 (11): 1925-1931.

的70%~83%。最大有氧功耐力需要的负荷强度为有氧阈强度，对应球员最大心率的90%~95%甚至100%，100%~120%的最大有氧速度，最大摄氧量的83%~90%。如某球员的最大心率为200次/分，那么在发展有氧功耐力时，球员的心率区间应保持在170~180次/分，在发展最大有氧功耐力时，球员心率范围应在180次/分以上。不管是发展有氧功耐力还是发展最大有氧功耐力，在训练中球员心率均不应低于其发展需要的负荷强度的最低标准线（表25）。

（三）常用训练方法和手段

在发展有氧功耐力和最大有氧功耐力时，一般均采用间歇训练法，有氧功耐力训练较多采用中等时间的间歇，最大有氧功短时和中等时间的间歇均可以采用。除足球正式比赛固有的间歇形式外，在发展高强度有氧耐力时常用的方法主要包括以下三种间歇训练模式：

（1）固定间歇时间。固定间歇时间的原则是练习时间与间歇时间不变，如果练习时间大于1分钟，间歇时间应少于练习时间，否则会导致整个训练的强度偏低。练习时间和间歇时间应遵循一定的组合要求，练习时间越短，负荷强度应该越大，间歇时间应包括一些恢复练习，比如慢跑等。该种训练形式对有球和无球训练都是适用的。

（2）变换练习规则。在训练比赛中通过变换练习规则可以改变负荷强度。规则因素主要包括你可以（允许）、你不能（禁止）、你应该（命令）。例如，队员接球时，要求使用或者不使用两次触球的规则，可以提高或者降低运动强度，另外通过设置进攻时间也可以提高球员的运动强度。

（3）实战比赛。为了使训练中运动员的强度以一种接近比赛的形式变化，可以对训练进行专门的设置，使其接近实战的比赛，如训练课中的对抗比赛等。

在训练手段上，有氧功耐力较多采用快速跑练习、技战术练习和小场地比赛（5v5/6v6/7v7）；最大有氧功耐力较多采用高强度跑练习、技战术练习、压力下的战术练习和小场地比赛（3v3/4v4）。

（四）训练的总时间、组数、次数、每次持续时间及间歇方式

在发展有氧功耐力时，训练的总时间一般为12~45分钟，训练组数一般为2~3组，每组训练2~5次，每次持续运动的时间一般为4~12分钟。在间歇时间内，一般采用积极—半积极的恢复，待心率恢复至120~130次/分时进行下一次训练。在发展高强度有氧耐力时，训练的总时间一般为10~25分钟，训练组数一般为2~4组，每组训练3~6次，每次持续运动的时间为20秒至4分钟，在间歇时间内，一般采用积极—半积极的恢复，待心率恢复至130~140次/分时进行下一次训练，如表25所示。

表25 有氧功耐力和最大有氧功耐力操作性训练原则

		有氧功耐力	最大有氧功耐力
负荷强度	无氧阈	无氧阈强度以下	无氧阈强度
	最大心率（%）	80%~90%	90%~95%甚至100%
	最大有氧速度	85%~100%最大有氧速度	100%~120%最大有氧速度
	最大摄氧量（%）	70%~83%	83%~90%
	能量底物	同等数量的脂肪和碳水化合物	碳水化合物为主
	训练方法	中等时间的间歇训练法	短时和中等时间的间歇训练法
	训练手段	快速跑	高强度跑
		技术/战术练习	技术/战术练习
		小场地比赛（5v5/6v6/7v7）	压力之下的战术练习
			小场地比赛（3v3/4v4）
	训练量（总时间）	12~45分钟	10~25分钟
	每次持续运动时间	4~12分钟	20秒至4分钟
	重复次数	2~5次	3~6次
	组数	2~3组	2~4组
	间歇	积极—半积极性恢复	积极—半积极性恢复
		心率恢复至120~130次/分	心率恢复至130~140次/分

第二节　技　术

一、16岁男子高水平足球运动员的技术发展目标

（一）国际足联

足球技术是足球比赛的重要组成部分，可以保证球队的战术行动取得良好的效果。国际足联把球员技术的发展看作一个长期发展的过程，和体能训练的划分阶段一样，把足球青少年技术培养过程划分为基本训练阶段（13~15岁）、中级训练阶段（16~18岁）和高级训练阶段（19~21岁）。基本训练阶段是技术学习的最好阶段，被称为技术发展的"黄金阶段"。在该阶段的训练中，训练时应以基本技术学习为导向，学习在开放的比赛中怎样控球、运球、传球和射门，以建立稳固的基础，在训练课中技术练习的时间应占到60%，通过不断的重复练习提高基本技术，以发展成为高质量的动作，发展方式主要是通过比赛和有球练习。在中级训练阶段，队员已完成了基本训练阶段任务，该阶段将会决定球员未来的水平，通过增加更多竞争性的技术练习（如比赛环境下）可以使球员达到新的高度。在该阶段中，训练量、合适的训练内容以及个性化的训练课有着重要的意义，同时在技术练习中还应注重结合球员位置的技术练习以及基本技术的继续完善，发展方式主要是通过团队和个人训练、结合技术和技战术练习以及比赛。在高级训练阶段，应注重个性化的训练方案。在技术方面，个性化的训练可以进一步提高球员的个人能力，否则难以达到最高水平。所以，训练必须根据球员的能力和需要进行，以达到满足球员专门需要的目的，个性化训练的目标主要有两个，即加强球员的优势和提高球员的劣势，发展方式主要是以团队训练、技战术训练和各种形式的比赛为主。

（二）日本

日本足协把足球青少年儿童的培养作为一个整体的概念，每个时期都是培

养过程的特有阶段，具有独特的特征，采用与之相匹配的训练内容和方法非常重要，不把一时的成功和胜利作为考虑的唯一标准，更多考虑的是球员成熟时的精彩表现。把整个培养过程分为儿童阶段和青少年阶段，其中儿童阶段包括U6、U8和U10三个阶段，青少年阶段包括U12、U14、U16三个阶段，每个阶段都有明确的发展目标。在技术方面，U6、U8年龄阶段主要发展内容为结合游戏的对足球感知觉和技术练习；U10、U12年龄阶段，孩子们的神经系统已发育完善，该阶段是学习足球技术的最好时期，主要以控球、运球、假动作等反复的训练为中心，进入正规的技巧获得阶段；U14年龄阶段，由于身高的增速高于体重，球员会给人瘦弱、动作迟缓等印象，很难快速掌握新的机能，所以在技术方面重点进行技术的巩固以及技术的精确性等内容；U16阶段，通过前几个阶段球员已经掌握足球基本技术，在该阶段中应注重压力下技术发挥的稳定性，同时还应该重点进行位置技术的提升（表26）。

表26 日本关于不同训练阶段足球青少年的技术发展目标

年龄	训练阶段	技术发展目标
U6-U8	接触阶段	结合游戏的对足球感知觉和技术练习
U10	黄金阶段前期	控球、运球、传球、假动作等足球基本技术
U12	黄金阶段	控球、运球、传球、假动作等足球基本技术
U14	黄金阶段后期	基本技术习惯化以及技术的精确性
U16	成人入口阶段	在压力下技术的稳定性；位置技术

（三）澳大利亚

作为澳大利亚足球官方机构澳大利亚足协（Football Federation Australia, FFA）[1]出版的《国家足球教程——国际成功之路》教材中，以对顶尖足球和科学研究为基础，同时充分考虑自身特殊国情和特点，提出了符合自身的FFA比赛理念、FFA训练理念和FFA将国家足球课程变为现实的愿景。在FFA训练理念中，否定了原有的澳大利亚足球教练把技术、战术、体能和心理单独发展的孤立训练法，重新树立了发展足球运动员最有效和最省时的整体训练法，即采用感知—决策—执行的完整链条。同时，国家足球教程把青少年整个

---

[1] 澳大利亚足协. 国家足球教程——国际成功之路［M］. 2013.

培养过程划分为6种模块，包括4种训练模块和2种比赛模块。4种训练模块分别为探索阶段训练模块（6~9岁）、技术习得阶段训练模块（10~13岁）、比赛训练阶段训练模块（14~17岁）和表现阶段训练模块（17岁及以上），2种比赛模块为5人制形式比赛模块（6~11岁）和11人制比赛模块（12岁及以上）。在4种训练模块中，每个阶段都有明确的发展目标以及训练课程体系，具体如表27所示。在探索阶段，发展目标是在玩足球的过程中学习足球以及建立对足球运动的热爱等；在技术习得阶段，发展目标是学习足球专业技术，其中足球技能主要包括第一次触球、带球跑、1对1和不同形式的传球；在比赛训练阶段，发展目标是在团队环境中学会运用功能性比赛技能，训练课基本部分分别为热身、位置训练、对抗训练和比赛；在表现阶段，发展目标是学习如何赢得团队胜利；训练专注于在比赛分析的基础上解决足球相关问题；足球体能训练成为该阶段的重要组成部分。

表27　澳大利亚关于不同训练阶段足球青少年的技术发展目标

年龄	训练阶段	技术发展目标
6~9岁	探索阶段	玩足球的过程中学习足球建立对足球运动的热爱
10~13岁	技术习得阶段	学习足球专业技术
14~17岁	比赛训练阶段	在团队环境中学会运用功能性比赛技能
17岁及以上	表现阶段	学习如何赢得团队胜利

（四）英格兰

英格兰足总杯（英足总）作为英格兰足球的最高管理机构，其官方出版教材《青少年球员发展技术指南》中对球员和教练员的发展目标都提出了明确的要求，在对5~21岁的年轻球员的培养过程中，提出了四角模式的培养理念，分别为体能、技术、心理和社交，它们之间相互关联，相互支持。在教学实践大纲中，根据青少年身心发展的特点，把培养过程分为三个阶段，分别为基础阶段（5~11岁）、提高阶段（12~16岁）和职业发展阶段（17~21岁）。关于技术，在基础阶段，主要以个人比赛技术为主，个人比赛技术主要包括运球、运球和带球、运球和传球、运球和转身、接球、传球与接球、传球和寻找空当、射门等单个或组合动作；在提高阶段，比赛技术继续提升并学会怎样运用技能，了解进攻和防守原则，个人进攻和防守、小组进攻和防守配合；在职业发展阶段，个人比赛技术达到熟练程度，能依照口令做出正确的技术，会进行团队协作，能创造时间和空间，能利用合适的技能辅助防守或进攻，掌握比赛策略，具体如表28所示。

表28　英格兰不同训练阶段足球青少年的技术发展目标

年龄	训练阶段	技术发展目标
5~11岁	基础阶段	运球、传球、射门等单个或组合技术
12~16岁	提高阶段	继续提升技术能力；对抗中学会运用技能
17~21岁	职业发展阶段	进一步熟练技术；能依照口令做出正确的技术

（五）美国

《美国足球课程》指出，青少年儿童不可能像成年人一样用同一种方式去学习，尤其是学习过程中包含智力和体能的成分，在任何方面的学习过程中，年龄都是选择学习内容和方法的重要依据，所以足球训练课程必须适应不同年龄的青少年儿童。在实际训练过程中，把足球青少年儿童培养过程划分为四个阶段，分别为开始训练阶段（U6—U8）、基础训练阶段（U9—U12）、中级训练阶段（U13—U14）和高级训练阶段（U15—U18），每个阶段内容均围绕体能、技术、战术和心理四个方面进行，但随着训练阶段的不同，四个方面所占的训练时间比例呈动态化变化趋势，而且随着年龄阶段的不同，同一方面优先发展的内容素质也存在差异。在技术方面，开始训练阶段以结合基本运动技能的控球和运球技术为主；基础训练阶段以学习专门的足球技术技能为主；在中级训练阶段掌握并实践不同类型的技术；在高级训练阶段技术练习主要集中在速度和准确性上，传球和射门是这个阶段中最重要的两项技术，另外技术练习还应结合位置，如表29所示。

表29　美国不同训练阶段足球青少年的技术发展目标

年龄	训练阶段	技术发展目标
U6—U8	开始训练阶段	结合基本运动技能的控球和运球
U9—U12	基础训练阶段	专门的足球技术技能
U13—U14	中级训练阶段	实践多种类型的技术
U15—U18	高级训练阶段	技术运用的速度和准确性（传球、射门）位置技术

（六）16岁男子高水平足球运动员技术发展目标的确立

通过对不同组织／国家的不同阶段青少年技术发展目标进行总结（表30），关于16岁男子足球运动员在技术方面的发展目标，《国际足联执教手册》认为应重点进行位置技术和压力下／对抗下技术技能方面的训练；《日本足球青少年大纲》认为16岁足球运动员应注重压力下技术的稳定性和位置技术；澳大利亚《国家足球教程》指出在团队环境中学会运用功能性比赛技能是其发展的重点，团队环境即是一种对抗和压力的环境，功能性比赛技能即是合理利用比赛技术的一种能力，所以它强调发展的仍是在压力／对抗下合理使用技术的能力；《美国足球课程》认为位置技术、对抗下技术的速度和准确性是其发展的主要目标，对抗下技术的速度和准确性是球员合理使用技能的重要体现，并特别指出传接球技术和射门技术是该年龄段重点发展的足球基本技术（表31）；英格兰足球协会所著的《未来足球》一书中认为继续提升技术能力和对抗中学会运用比赛技能是技术方面发展的主要目标；《中国青少年儿童足球训练大纲》中指出比赛状态下个人进攻和防守技术技能、位置技术和培养有定位球技术特长的队员是技术方面发展的主要目标。从以上可以看出，各个组织／国家均认为16岁男子足球运动员技术目标为提高对抗或压力下的合理使用技术的能力，即提高足球技能。

表30　不同组织／国家关于16岁男子足球运动员技术发展目标

组织／国家	技术发展目标
国际足联	各自相应位置的个人技术
	压力下／对抗下的技术技能
日本	位置技术
	在压力下技术的稳定性
澳大利亚	在团队环境中学会运用功能性比赛技能
美国	位置技术
	对抗下技术的速度和准确性
英国	继续提升技术能力
	对抗中学会运用技能

表31　美国关于16岁足球运动员技术内容素质发展重要程度一览表

技术指标	重要程度
传接球技术	5
带球跑技术	1
运球技术	2
变向技术	4
射门技术	5
控球技术	3
头球技术	3
1对1进攻技术	3
护球技术	2
接球转身技术	4
传中射门技术	4
1对1防守技术	4

二、确立对抗性技术为该年龄段技术发展目标的理论依据

足球界视"对抗性"为本项目的"特点",认为"比赛中双方为争夺控球权,达到将球攻进对方球门,而又不让球进入本方球门的目的,展开短兵相接的争斗,尤其是在两个罚球区附近时间、空间的争夺更是异常凶猛,扣人心弦。一场高水平的比赛,双方因争夺和冲撞倒地次数达200次以上,可见对抗之激烈[1]。随着现代足球的发展,足球对抗的强度和频率已大大超过以前,球员几乎每个技术动作都是在高强度的对抗下完成的。所以,足球比赛的特点决定了球员必须掌握对抗下的足球技术,以满足比赛需求。

中国足球协会主编的《足球教练员培训教程》中明确指出,在足球青少年技术学习的过程中,6~12岁是足球运动员学习基本技术的黄金时期,9~17/18岁是足球运动员结合战术方法学习技术运用的适宜年龄阶段,13/14~19/20岁是足球运动员学习对抗下技术运用能力的最好时期,19岁以上应注重足球技术的灵活运用。所以,16岁年龄阶段的青少年应注重发展结合战术方法的技术运用和对抗下的技术运用能力,具体如图25所示。

---

[1] 何志林. 现代足球 [M]. 北京:人民体育出版社,2000:3.

发展能力指标	6~8岁	9~12岁	13岁	14岁	15岁	16岁	17岁	18岁	19岁	20岁以上
基本技术学习	○○○○○○○									
结合战术方法的技术运用		○○○○○○○								
技术运用对抗能力				○○○○○○						
技术的灵活运用					○○○○○					

图25 足球运动员技术发展的敏感期[1]

黄竹杭[2]在其博士论文中分别对U15、U17和U19三个年龄段的足球运动员比赛技能的运用情况进行了研究，发现U15足球运动员技能运用的目的性比较明确，合理性、应变性和实效性不足，U17和U19足球运动员在技能运用的合理性和应变性上有较大的进步，两者的进步是以对抗能力增长为基础，从而得出15~19岁足球运动员是发展技能运用对抗能力的重要阶段。

所以，足球比赛的本质需求和青少年足球运动员运动技能的习得规律，充分证明了该年龄段发展对抗性技术的正确性。

三、16岁男子高水平足球运动员重点发展技术内容

（一）本书足球技术概念

早在20世纪50年代，我国学者对足球技术概念进行了相关研究，1957年体育院校专业教材《球类运动》认为：足球技术是指为了一定目的而采用的专门动作的统称[3]。之后，我国学者对其又进行了深入研究，1979年人民体育出版社出版的《体育院校系通用教材——足球》把足球技术定义为："运动员在足球比赛中所采用的合理行动方法的总称。"[4]《球类运动——足球》指

---

[1] 中国足球协会.足球教练员培训教程[M].北京：北京体育大学出版社，2009：19.

[2] 黄竹杭.足球运动员战术意识的构建过程及训练策略设计[D].北京：北京体育大学，2004.

[3] 姆·科兹洛夫.球类运动[M].李乐民，等，译.北京：人民体育出版社，1957.

[4] 体育院系教材编审委员会《足球》编写组.体育系通用教材——足球[M].北京：人民体育出版社，1979.

出足球技术是运动员在足球比赛中所采用的合理动作的总称[1]。1997年杨一民主编的《中国教练员岗位培训教程——足球》指出：现代足球比赛技术内涵变化的实质是以争夺球权为核心，在运用技术的时间和空间上的变化，这种变化不仅推动了足球技术与比赛技巧的发展，同时也决定和左右着足球运动今后的方向和进程[2]。王崇喜主编的《球类运动——足球》指出足球技术是运动员在足球比赛中所采用的合理动作的总称[3]。年维泗等主编的《足球》中指出，足球技术是由特定的动作结构组成，并贯穿于整个足球活动中的一种基本形式，包括技术动作和技术能力，技术动作是指运动员完成某一技术时采用的方法，包括单一技术动作、二元组合、三元组合、四元组合技术动作。技术能力是指运动员在训练和比赛中完成技术的准确、合理和娴熟程度，并且指出技术动作结构是技术能力的决定因素[4]，该定义对技术的属性进行了较好的阐释。德国《新足球学》书中指出，技术指在最紧迫的比赛情况下熟练地控制球，使之在通往对方球门的途中不致丢失的能力[5]。美国足球大纲把足球技术定义为足球运动员有效地完成一项任务或专门足球动作的能力[6]，强调足球技术的能力属性。

根据以上所述，我国较多学者把足球技术定义为技术动作，国外更倾向于把其看成一种能力，两种观点都符合一定的逻辑，但从足球技术的本质属性来看，应包括技术动作和技术能力两个方面，其中技术动作是基础，技术能力是目的，两者紧密联系。在技术学习的过程中，在早期学习阶段应注重技术动作的正确性，随着技术动作的不断完善，在后期应更加关注技术运动能力的发展。对于16岁足球运动员，技术动作已基本掌握，该年龄阶段应更加注重技术运用能力。所以，本研究把足球技术定义为在比赛或训练中，足球运动员有效完成专门技术动作的能力，即我们通常所说的足球技能。

---

[1] 王崇喜.球类运动——足球[M].北京：高等教育出版社，2005：48.

[2] 杨一民.中国体育教练员培训教材——足球[M].北京：人民体育出版社，1997：54.

[3] 王崇喜.球类运动——足球[M].北京：高等教育出版社，2005：48.

[4] 年维泗，麻雪田，杨一民.足球[M].北京：北京体育大学出版社：1990.

[5] 卡尔·海因茨.新足球学[M].蔡俊五，译.北京：人民教育出版社，1988：14-15.

[6] U.S. Soccer Federation. U.S. Soccer Curriculum[M].Chicago，2011：24.

（二）本书足球技术分类

足球技术是足球比赛的重要组成部分，是实现球队战术的基础。关于足球技术的分类，国际足联[1]根据身体与球的关系，把足球基本技术分为进攻技术和防守技术两大类，其中进攻技术包括控球技术、传球技术、射门技术、带球跑技术、假动作、运球技术和头球技术，防守技术包括断球技术、抢截球技术、防守移动、封堵、解围和头球解围（图26）。美国[2]足球大纲中把足球技术同样分为进攻技术和防守技术，进攻技术包括传接球技术、带球跑技术、运球技术、变向技术、射门技术、控球技术、头球技术、1对1进攻技术、护球技术、接球转身技术、传中射门技术，防守技术包括1对1防守。《现代足球》[3]把足球技术分为基本技术动作和实战技术，其中足球基本技术动作包括颠球技术、踢球技术、接球技术、运球技术、抢截球技术、头顶球技术、假动作和掷界外球技术；实战技术分为进攻技术和防守技术两大部分，其中进攻技术一般有接控、传球、运过、射门四大类，防守技术一般有断、堵、抢、铲球与争顶球五大类（图27）。王崇喜[4]在《球类运动——足球》中指出，根据球员在场上的位置，足球技术可分为锋卫技术和守门员技术两大部分，其中锋卫队员和守门员技术，又可分为有球技术和无球技术，其中锋卫队员的有球技术包括运球、踢球、接球、头顶球、抢球、断球和掷界外球，守门员有球技术包括接球、扑球、拳击球、托球、掷球和踢球，无球技术均包括起动、快跑、跳跃、急停、转身、步法和假动作。年维泗等把足球技术分为无球技术和有球技术，无球技术包括起动、跑动、急停、转身、跳跃和步法；有球技术又细分为一元单个技术、二元组合技术、三元组合技术和四元组合技术。

---

[1] 国际足联. 国际足联执教手册[M]. 中国足球协会, 译. 北京：人民教育出版社，2014：55.

[2] U.S. Soccer Federation. U.S. Soccer Curriculum[M]. Chicago, 2011：23.

[3] 何志林, 等. 现代足球[M]. 北京：人民体育出版社，2000：44-78.

[4] 王崇喜. 球类运动——足球[M]. 北京：高等教育出版社，2005：49.

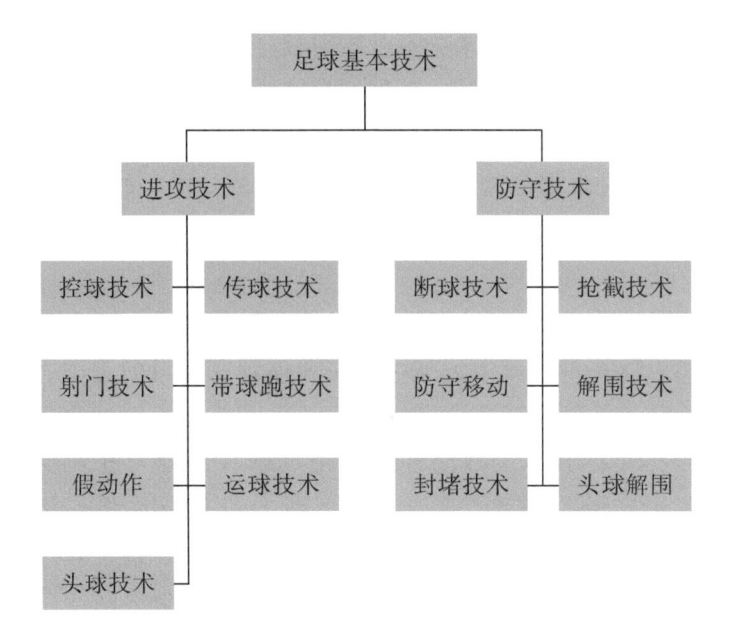

图26　国际足联对足球基本技术的分类

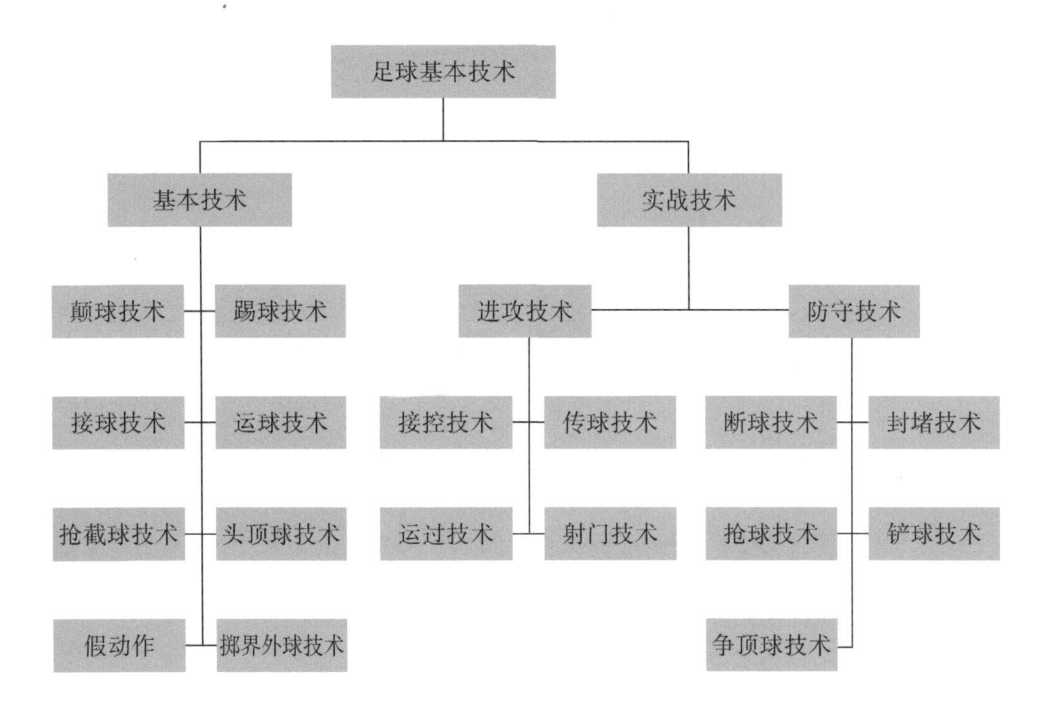

图27　《现代足球》关于足球基本技术的分类

71

由上述可知，关于足球技术分类，不同教材理论对足球技术的划分标准有所差异，一般分为以下三种：第一种根据足球比赛的攻防性质，把足球技术分为进攻技术和防守技术；第二种根据球员的位置，把足球技术分为锋卫技术和守门员技术；第三种根据足球运动员在比赛中完成技术时的活动方式，把足球技术分为有球技术和无球技术，其中第三种分类方式较为常见，而且涵盖的足球技术更加全面。

本研究根据足球运动员在比赛中完成技术时的活动方式，把足球技术分为有球技术和无球技术，其中无球技术主要体现在球员的跑动、跳跃等身体行为上，一般归入体能范畴，所以本研究的足球技术是一种狭义的范畴，即有球技术。根据足球技术的攻防性质，把足球技术分为进攻技术和防守技术，根据技术动作的目的或意图，进一步细分进攻技术和防守技术进行，其中进攻技术包括运球技术、带球跑技术、护球技术、传接球技术、射门技术、过人技术、头球技术和掷界外球技术；防守技术分为断球技术、抢截球技术、铲球技术、封堵技术、争顶球技术和解围技术，具体如图28所示。

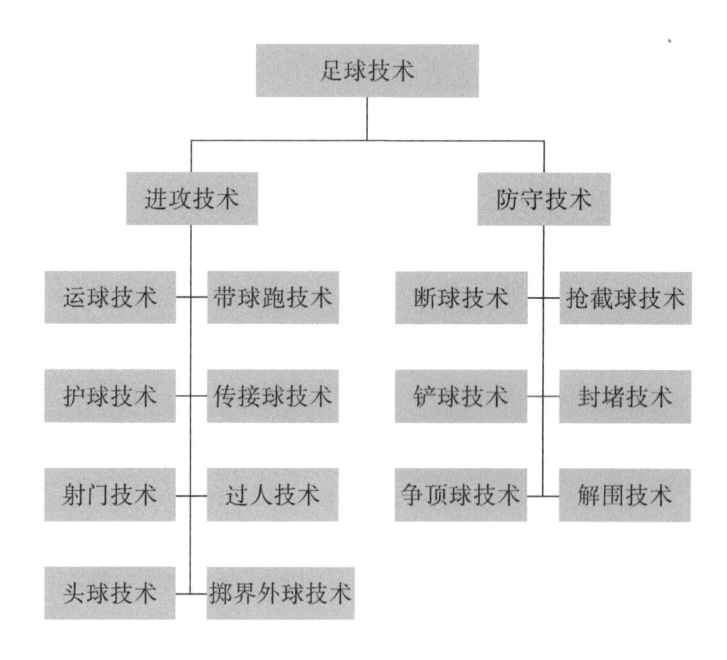

图28 本研究足球技术的分类

（三）重点发展的技术内容

1. 研究步骤

（1）确定专家咨询名单。本研究选择的专家共包括两个部分，一部分为高校长年（$n>10$）从事足球教学、科研和训练的专家，对青少年足球运动规律有着深刻的理解和认识；另一部分为职业俱乐部梯队教练员，执教过16岁男子足球队且具有亚足联A级（含A级）以上证书，对该年龄阶段的训练有着丰富的实践经验。

（2）拟定专家咨询表。根据上文对足球技术的分类，把其制作成专家咨询表，表中对研究目的、背景材料、相关定义、研究范畴都进行了详细说明，以供专家参考，另外还包括填写须知。

2. 统计处理方法

（1）重要程度。专家根据每一项技术的重要程度进行赋分，"5"代表很重要，"4"代表重要，"3"代表一般，"2"代表不重要，"1"代表很不重要。

（2）主要统计指标的计算方法

指标的重要程度，即专家对该指标发展重要程度的认识，其计算公式为：

$$M_j = \frac{X_1 + X_2 + X_3 + \ldots + X_n}{N}$$

（M_j表示j技术指标的平均值；X_n表示第n个专家对某项技术的赋值；N表示专家人数。）

变异系数（Coefficient of Variance，CV），是指各个指标的标准差与平均数之比，是反映专家意见离散程度的指标，一般认为变异系数小于0.25，表示专家的意见协调程度较好。CV的计算公式为：

$$CV_j = \frac{S_j}{M_j}$$

其中，CV_j表示j指标评价的变异系数，S_j表示j指标的标准差，M_j是指指标的平均数。CV_j值越小，代表专家的协调程度越高。

3. 研究结果

研究结果如表32、表33所示，在进攻技术方面，控球技术（$M=4.92$，$CV=0.06$）、传接球技术（$M=4.62$，$CV=0.19$）、射门技术（$M=4.54$，$CV=0.19$）和过人技术（$M=4.54$，$CV=0.25$）四项指标平均值都较高，但过人技术指标变异系数（CV）偏高，这说明专家对该项技术指标在16岁年龄阶段发展的重要程度的认识并不一致，其他三项指标的变异系数（CV）较小，所以16岁年龄阶段男子高水平足球运动员重点发展的进攻技术为控球技术、传接球技术和射门技术三项。在防守技术方面，断球技术（$M=4.77$，$CV=0.09$）、抢截球技术（$M=4.62$，$CV=0.17$）和争顶球技术（$M=4.08$，$CV=0.19$）三项指标的平均值较高，且变异系数（CV）较小，说明16岁年龄阶段男子高水平足球运动员重点发展的防守技术为断球技术、抢截球技术和争顶球技术三项。

表32　专家对进攻技术选择的统计结果

技术指标	平均值（M）	标准差（S）	变异系数（CV）
控球技术	4.92	0.28	0.06
传接球技术	4.62	0.87	0.19
射门技术	4.54	0.88	0.19
过人技术	4.54	1.14	0.25
头球技术	3.77	1.24	0.33
掷界外球技术	2.69	0.75	0.28

表33　专家对防守技术选择的统计结果

技术指标	平均值（M）	标准差（S）	变异系数（CV）
断球技术	4.77	0.44	0.09
抢截球技术	4.62	0.77	0.17
铲球技术	3.23	1.01	0.31
封堵技术	4.00	1.15	0.29
争顶球技术	4.08	0.76	0.19
解围技术	3.38	1.19	0.35

通过以上可以得出，16岁男子高水平足球运动员在进攻方面需要重点发展的技术为传接球、控球和射门，在防守方面需要重点发展的技术为断球、抢截球和争顶球，如图29所示。通过对该年龄段重点发展技术内容的明确，为评价实际技术训练内容的适宜性提供了理论依据。

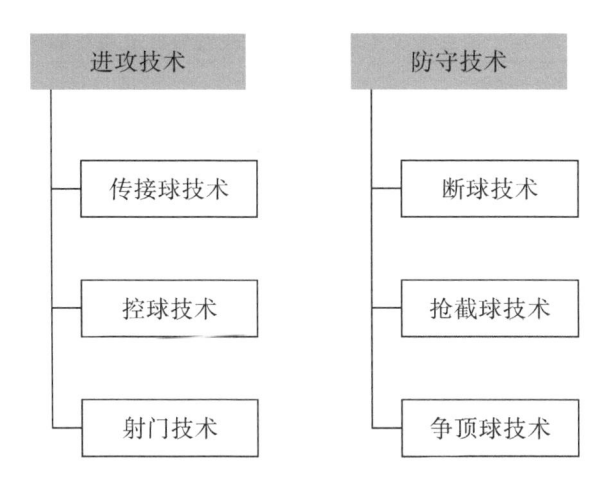

图29　16岁男子足球运动员重点发展的技术内容

第三节　战术

一、16岁男子高水平足球运动员的战术发展目标

国际足联指出中级训练阶段（16~18岁）是发展足球运动员的决定性阶段，除了完成发展球员的体能和技术能力，该阶段同时也是发展球员战术理解力的重要机会窗口，它可以决定球员是否能达到更高的水平。由于球员已经基本掌握了各种技术，这就为进行更复杂的个人和团队战术奠定了基础，该阶段的主要战术目标是发展球员对每一条线和不同区域的理解。

荷兰足协把青少年足球运动员分为准备阶段（5~7岁）、基本技艺阶段（8~12岁）、对抗技艺阶段（13~16岁）和全队技艺阶段（17~18岁）。16岁足球运动员处于对抗技艺阶段，其战术发展目标为全队配合、通过小场地和大场地比赛学习每一条线和位置的职责任务,具体如表34所示。另外,2001年中国足协NIKE教练员讲师班明确指出,16岁年龄阶段足球运动员战术发展目标为成熟掌握比赛、多进行比赛、掌握区域战术和不同时刻的战术打法以及重视比赛效率(表35)。

表34　荷兰青少年足球训练阶段划分及发展目标

阶段	年龄	发展目标
准备阶段	5~7岁	专项技能
基本技艺阶段	8~12岁	简单足球局面比赛、发展视野和技术
对抗技艺阶段	13~16岁	全队配合、通过小场地和大场地比赛学习每一条线和位置的职责任务
全队技艺阶段	17~18岁	比赛时训练、发展对抗技能、心理训练、发展专项练习和全面练习

(资料来源:范林根.足球训练——荷兰足协协会青少年足球训练指定教材[M].杨一民,等,译.北京:人民体育出版社,2002.)

表35　不同年龄阶段球员战术训练目标

年龄	比赛类型	训练目标
6~8岁	4v4	比赛中强调理解基本队形与配合
8~10岁	7v7	技术掌握日渐成熟、引入比赛观念、强调技巧及比赛的基本原则
10~12岁	11v11	强调技巧及位置职责、成熟掌握比赛方式
12~14岁	11v11	对全队提出要求、成熟掌握比赛区域和位置职责
14~16岁	11v11	成熟掌握比赛、多进行比赛、掌握区域战术和不同时刻战术打法、重视比赛效率
16岁以上	11v11	进入最佳状态的理想成熟期、对球员进行专项和全方位的影响、注意赢球的比赛目的

注:转引自郭潇博士论文《青少年战术训练谁理论研究》,北京体育大学,2011。

英格兰对不同训练阶段的青少年提出了不同的战术发展内容:在基础阶段(5~11岁)主要的战术目标是位置转换,让球员对球队的进攻和防守有基本

第四章　16岁男子高水平足球运动员重点发展的竞技能力

的了解；在提高阶段（12~16岁）战术目标为懂得自己在团队中的作用，掌握进攻和防守原则、个人战术和小组配合战术；在职业发展阶段（17~21岁）战术发展目标为学会团队协作，能创造时间和空间，能利用合适的技能辅助防守或进攻策略（表36）。

表36　英格兰关于不同阶段足球青少年的战术发展目标

年龄	训练阶段	战术发展目标
5~11岁	基础阶段	位置转换
12~16岁	提高阶段	懂得自己在团队中的作用；掌握进攻原则，防守原则，个人、小组战术
17~21岁	职业发展阶段	学会团队协作，能创造时间和空间；能用合适的技能辅导防守或进攻策略

通过表37可以看出，国际足联强调提高该年龄段球员对每一条线和不同区域的战术理解；荷兰强调应把该年龄段的战术目标放到全队配合、通过小场地和大场地比赛学习每一条线和位置的职责和任务；英格兰指出16岁年龄段的战术目标为了解自己在团队中的作用，掌握进攻和防守原则、个人战术和小组战术；某教练员培训班则认为16岁年龄阶段应重视球员掌握区域战术和不同时刻的战术打法，并重视比赛效率。虽然不同组织/国家对16岁男子足球运动员战术发展目标存在一定差异，但大部分国家均强调结合四个比赛时刻和球场区域来发展球员的个人战术能力和小组战术能力，由此可以看出，16岁男子足球运动员战术发展目标是提高结合比赛情境的个人战术能力和小组配合能力。

表37　不同组织/国家关于16岁足球运动员的战术发展目标

组织/国家	战术发展目标
国际足联	发展球员对每一条线和不同区域的战术理解
荷兰	全队配合、通过小场地和大场地比赛学习每一条线和位置的职责和任务
英格兰	了解自己在团队中的作用，掌握进攻和防守原则、个人战术和小组战术
某教练员培训班	成熟掌握比赛、多进行比赛、掌握区域战术和不同时刻战术打法、重视比赛效率

二、16岁男子高水平足球运动员重点发展的战术内容

国际足联认为16岁年龄段战术发展内容应集中在以下几个方面：一是提高攻守转换的效率。攻守转换是赢得比赛的关键时刻，丢球时更快速回撤形成密集，重新获得球权时应快速向前，在对方防守阵型未形成平衡前获得最大的进攻效果。二是高于球员位置的战术需求。在比赛中，球员的任务包括进攻和防守两个方面，进攻和防守行为存在明显的位置差异，但是在比赛中的某些时刻，球员需要完成一些多于自身位置战术的任务，例如一名中场球员可能需要完成边路球员的进攻。三是防守战术，包括基本防守原则、基本防守战术（压迫、抢截、反击和定位球防守）。四是进攻战术，包括基本进攻原则、基本进攻战术（快速进攻、渗透式进攻）。

美国青少年足球大纲指出，在16岁年龄阶段战术发展中，小场地比赛是不可或缺的部分，应掌握比赛中进攻和防守原则，进攻战术训练内容应围绕控球、转移、组合进攻、后场组织进攻以及在进攻三区的配合射门进行，防守战术训练内容应围绕区域防守、压迫和回撤恢复进行，具体如表38所示。

表38 美国青少年足球大纲对于16岁年龄段不同战术发展内容重要性的认识

进攻	进攻原则	5
	控球	5
	转移	5
	组合进攻	5
	转换比赛	4
	反击	4
	后场组织进攻	5
	在进攻三区的配合射门	5
防守	防守原则	5
	区域防守	5
	压迫	4
	回撤&恢复	5
	密集	3

注：数字代表该发展内容的重要程度，数字越大表示重要程度越高。

澳大利亚足协明确指出，14~17岁年龄阶段战术发展目标为通过比赛训练方法发展战术意识、认知和决策能力，训练集中在本方控球时、对方控球时、进攻转防守时和防守转进攻时四个重要时刻以及重要时刻团队和球员个人任务上，为了更切实地安排好该阶段的训练，将"重要时刻"细分为可训练的主题，分别为本方控球训练主题（后场、中场、前场）、对手控球训练主题（干扰／压迫、防守／夺回球）和攻防转换训练主题（失球后团队和个人行动、得球后团队和个人行动），因为比赛训练阶段应该争取模拟真实的比赛场景，因此训练必须包括比赛中所有因素，如对手、队友、方向、规则和适当的空间（表39）。

表39　澳大利亚足协关于16岁年龄阶段足球运动员战术发展目标和内容

发展目标	发展内容
通过比赛训练方法发展战术意识、认知和决策能力	本方不同区域（后场、中场、前场）控球 对手控球时干扰与压迫、防守与夺回球权 攻防转换（失球／得球）时小组和个人行动

由以上内容可以看出，关于16岁男子足球运动员重点发展的战术内容，大部分国家主要是根据比赛的四个时刻来确定战术训练的内容，包括进攻时的战术训练、防守时的战术训练、进攻转防守和防守转进攻时的战术训练，具体的战术训练内容包括控球、转移、组合进攻、后场组织进攻、进攻三区的配合射门、压迫、抢截、密集、反击和定位球等。

本章小结

本章节主要目标为梳理和明确16岁男子高水平足球运动员中体能、技术和战术三个竞技子能力的重点发展内容，主要通过国际足联、日本、美国以及澳大利亚关于青少年足球运动员长期培养的官网文件进行解读，找出其共性目标，并对其进行理论解释。在体能方面，高强度有氧耐力是该年龄阶段需要重点发展的内容，其强度对应球员最大心率的90%~96%甚至100%，它可以更大幅度地增加球员的有氧耐力储备，提高无氧阈以及更强的耐受乳酸的能力，从而提高比赛节奏，同时可以提高个人的最大摄氧量和最大有氧速度；在操作性训练上，各训练要素均需要遵循一定的原则。在技术方面，各个组织／国家均认为16岁男子高水平足球运动员技术目标为提高对抗或压力下的合理使用技术的能力，即提高足球技能；在重点发展的技术内容上，进攻技术为控球、传接球和射门，防守技术为断球、抢截球和争顶球。在战术方面，16岁男子高水平足球运动员战术发展目标是提高结合比赛情境的个人战术能力和小组配合能力；在重点发展的战术内容上，包括控球、转移、组合进攻、后场组织进攻、进攻三区的配合射门、压迫、抢截、密集、反击和定位球等。

第五章　我国16岁男子足球队重点竞技能力的训练质量

第一节　我国16岁男子高水平足球运动员体能训练质量

在对我国16岁男子足球队高强度有氧耐力的训练质量进行评价时，主要通过以下几个方面进行：一是训练目标是否正确，目的是探究该年龄段有氧耐力训练时发展的素质是否为高强度有氧耐力，主要通过训练负荷强度指标体现，这也是对该素质训练进一步评价的基础；二是各操作性训练要素，主要包括训练方法手段、周训练次数、间歇方式、每次训练总时间、训练组数次数以及次训练持续时间等指标。另外还包括各支球队训练效果的评价。

一、训练负荷强度

（一）球队整体分析

在三支球队的高强度有氧耐力训练中，通过对球员心率进行采集，统计结果显示：参加训练的队员共计73人次，负荷强度为最大心率80%以下的共21人次，占比28.8%；负荷强度为最大心率80%~100%的共52人次，占比为71.2%。其中最大心率80%~89%为33人次，占比为45.2%；最大心率90%~100%为19人次，占比为26.0%，如表40所示。

表40　不同负荷强度区间人次及占比（$n=73$）

最大心率百分比	80%以下	80%~100%	80%~89%	90%~100%
人次（个）	21	52	33	19
占比（%）	28.8	71.2	45.2	26.0

（二）不同球队分析

研究结果表明（表41—表43）：在申鑫队两次有氧耐力训练中，80%～100%心率区间占比分别为68.44%和72.76%，符合发展高强度有氧耐力的要求，但两次训练80%～90%心率区间占比较大，90%～100%心率区间占比较小，这说明球队发展了有氧功耐力素质，但忽略了对最大有氧功耐力素质的发展。在鲁能队的两次训练中，和申鑫队表现出了同样的训练结果，即只重视有氧功耐力的训练，忽略了最大有氧功耐力的训练。在三高队两次的训练中，第一次训练80%～100%心率区间占比为78.76%，其中80%～90%心率区间占比为50.99%，90%～100%心率区间占比为27.77%，说明本次训练重点发展的是球员的有氧功耐力；第二次训练80%～100%心率区间占比达到100%，其中80%～90%心率区间占比为43.67%，90%～100%心率区间占比为56.33%，说明该次训练达到了发展球员最大有氧耐力的强度。

表41　申鑫队有氧耐力训练不同心率区间占比

心率区间	第一次训练	第二次训练
80%～90%心率区间占比	44.61%	53.74%
90%～100%心率区间占比	23.83%	19.02%
80%～100%心率区间占比	68.44%	72.76%

表42　鲁能队有氧耐力训练不同心率区间占比

心率区间	第一次训练	第二次训练
80%～90%心率区间占比	46.29%	34.15%
90%～100%心率区间占比	16.37%	29.25%
80%～100%心率区间占比	62.66%	63.40%

表43　三高队队有氧耐力训练不同心率区间占比

心率区间	第一次训练	第二次训练
80%～90%心率区间占比	50.99%	43.67%
90%～100%心率区间占比	27.77%	56.33%
80%～100%心率区间占比	78.76%	100%

通过整体和不同水平球队有氧耐力训练时的心率区间占比可以看出，我国16岁男子高水平足球运动员在发展高强度有氧耐力的训练中，球员心率区间主要集中在80%~90%，以发展球员的有氧功耐力为主，缺少最大有氧功耐力素质的发展，训练强度偏低，不能最大幅度地提高球员的最大摄氧量和高强度有氧耐力素质，已得到国外相关研究证明。Hill-Haas等[1]在赛季前对高水平青少年足球运动员进行7周的小场地比赛，负荷强度大于最大心率的80%，每周训练两次，每次进行3~6组，每组持续6~13分钟，每组间歇1~2分钟，结果发现球员的最大摄氧量并没有明显的提升，这或许在一定程度上可以证实高强度有氧耐力训练时需要达到较高的负荷强度（最大心率的90%以上）才能有效地提高球员的最大摄氧量水平。

运动员有氧耐力表现主要受到三个因素的制约，分别为最大摄氧量（VO_{2max}）、乳酸阈（LT）和跑动的经济性（C）（Pate et al, 1984），其中最大摄氧量被认为是影响有氧耐力表现最重要的因素（Wanger, 1996）。另外，最大摄氧量与比赛跑动距离（Bangsbo, 1994; Smaros, 1980）、冲刺频次（Smaros, 1980）及球队联赛排名均存在不同程度的正相关（Krustrup et al, 2003; Wisloff et al, 1998）。相关研究已表明，训练中保持高负荷强度对于提升足球运动员有氧能力（最大摄氧量）有重要作用（Helgerud et al, 2001; Impellizzeri et al, 2006; Hoff et al, 2002）。Hill-Haas等（2009）在赛季前分别对两组高水平青少年足球运动员进行7周高强度训练，一组为专项化训练（小场地比赛），一组为一般性训练（间歇跑、冲刺跑等），球员大部分时间负荷强度集中在90%HRmax以下，结果发现两组球员的最大摄氧量均没有得到提升，这或许和训练负荷强度偏低存在直接关系。Helgerud等（2007）选择40名健康、无抽烟史并且中等训练水平的男性为实验对象，随机分为长距离慢跑组（70%HRmax）、乳酸阈强度组（85%HRmax）、15/15间歇跑组（15秒90%~95%HRmax跑，15秒70%HRmax的积极性休息）和4×4分钟间歇跑组（4分钟90%~95%HRmax跑，3分钟70%HRmax的积极性休息）。结果发现，与其他两组相比，两组间歇跑在最大摄氧量和每搏输出量两项指标上提高更为显著。国际足联指出，该种有氧耐力类型是在无氧阈强度进行，以发展高强度的专项耐力为目标，需要有氧、无氧供能系统的混合参与，机体需要达到最大摄氧量时的功率水平，相当于最大有氧速度（MAS），训练时的负荷强度为最

---

[1] Hill-Haas S, Coutts AJ, Dawson BT, et al. Generic versus small-sided game training in soccer [J]. Int J Sports Med, 2009.

大心率的90%~100%以及最大有氧速度的100%~120%（国际足联执教手册，2016）。我国16岁足球运动员高强度有氧耐力训练，约有75%球员的平均负荷强度低于90%HRmax，即大部分球员负荷处于无氧阈强度以下，不能最大幅度地刺激球员心肺系统，难以提升其最大摄氧量水平、无氧阈水平以及更强的耐受乳酸的能力，在同样次极大量的训练中，由于有氧系统不能提供更大比例的能量，血乳酸和肌肉乳酸浓度往往会偏高，如此，不能保证球员在更长时间内维持高强度运动和更快的恢复速度，难以保持比赛节奏。

二、训练方法、手段及间歇特征

我国16岁男子高水平足球运动员在发展高强度有氧耐力时，在训练方法上，三支球队均采用了固定／变换间歇时间的间歇训练法；在训练手段上，申鑫队和三高队采用不结合球的快速跑训练手段，鲁能队则采用不同人数的小场地比赛来发展球员的该种耐力素质。在间歇方式上，球队均采用积极性恢复方式，主要包括走、慢跑和低速运球等，以提高机体的恢复速度；在间歇时间上，球队均依靠教练员自身经验来进行控制和调整（表44）。

表44　球队高强度有氧耐力训练方法、手段及间歇特征

球队	训练方法	训练手段	有无结合球	间歇特征	
				间歇方式	间歇时间
中鑫队	间歇训练法	快速跑	无	积极性恢复	经验性
鲁能队	间歇训练法	小场地比赛	有	积极性恢复	经验性
三高队	间歇训练法	快速跑	无	积极性恢复	经验性

足球训练具有一定的操作性原则。在发展高强度有氧功耐力时，一般均采用间歇训练法，除足球正式比赛固有的间歇形式外，主要包括以下三种间歇训练模式：固定间歇时间、变换练习规则和实战比赛（Bangsbo，2011）。通过对我国该年龄段三支球队的训练方法进行分析，三支球队均采用间歇训练法，但在训练模式的多变性上，表现出了明显不足，队员长期处于某种训练模式下，神经及肌肉系统容易产生适应性，难以形成新的刺激，难免会导致训练质量的下降。在现代足球体能训练中，越来越突出专项性，结合球的训练越来越受到重视。在实际训练中，教练员应学会通过变换练习规则（触球次数、球门

数量、队员数量和进攻时间等）来改变运动强度，同时可以不断给球员新异刺激，从而保证训练质量。

在训练手段上，高强度有氧耐力可以分为结合球和非结合球两种模式。结合球主要包括技战术练习、压力下的战术练习和小场地比赛，非结合球主要指快速跑和高速跑练习。关于两种模式的训练效果，大量研究表明，在赛季前或赛季中，结合球（Mcmillan et al，2005；Chamari et al，2005；Jesen et al，2007；Sperlich et al，2011）与非结合球的高强度训练（Impellizzeri et al，2006；Ferrari et al，2008；Sporis et al，2008a，2008b；Macpherson et al，2015）均可以有效提高球员的最大摄氧量水平。但有些学者提出应采用更加专项化的训练模式，如小场地比赛，因为该种训练模式不但可以达到提高球员最大摄氧量的负荷强度（Hoff，2002）和动机水平（Allen et al，1998），而且可以激活真实比赛中参与的肌肉群（Bangsbo，2003），从而使其产生适应性改变，如肌肉的收缩形式、运动单位的募集方式等，同时，由于技战术运用是在类似于真实比赛的条件下，有利于其向真实比赛中转化和迁移（Williams et al，2003）。也有研究证明，和高强度间歇训练跑相比，小场地比赛时，球员表现出更少的情绪紊乱、紧张、疲劳和活力降低（Selmi et al，2017）。但有研究者也指出，小场地具有更高的个体变异性（Dellal et al，2008）。我国该年龄段大部分球队采用快速跑练习手段，一方面和训练理念存在较大关系，另一方面和小场地比赛效果的不可控性存在一定关系。在小场地比赛中，场地大小、球员人数、教练员鼓励、训练形式（持续或间歇）、改变规则和有／无守门员均是影响训练负荷强度的重要因素（Little，2009；Halouani et al，2014）。有研究证明，更少的队员和更大的场地可以增加训练负荷强度（Hill-Hass et al，2008a，2008b；Rampinini et al，2007）。Hoff（2002）研究指出，在提高青少年足球运动员最大摄氧量训练中，每队5名或更少队员的小场地比赛，训练效果更好。该结论得到了其他研究者的支持（Platt et al，2001；Katis et al，2009）。Platt（2001）等证明，和5v5小场地比赛相比，3v3更具优势，具体表现为比赛中的直接参与性，高强度活动，更多的跑动距离，更少的走和慢跑，更高的心率，更多的铲球、运球、射门和传球。我国该年龄段球队在小场地比赛中，采用6v6和7v7对抗形式，训练负荷强度偏低，结合前人研究结果，球员人数是影响训练负荷强度的重要因素之一，在发展球员最大摄氧量训练时，3v3或许是一种更为适合的对抗形式。

在间歇方式上，三支球队采用了走、慢跑或者低速运球进行积极性恢复，有利于乳酸的及时清除。相关研究已经表明，在进行高强度有氧耐力训练时，和被动性恢复相比，主动性恢复在短期和长期训练效果中均表现出优势（Ben et al，2013；Dorado et al，2004）。在间歇时间上，教练员只是依靠自身经验，并没有根据球员心率恢复情况而定。国际足联已明确指出，有氧功耐力和最大有氧功训练应在心率分别恢复至120~130次／分和130~140次／分时进行下一次训练。从这一点来看，借助心率采集设备来实现对球员内部负荷的监控，将有助于对训练过程的控制。

三、训练次数、时间及组数安排

通过对16岁男子高水平足球运动员的训练次数／周、训练总时间／次、练习组数／次、练习次数／组及练习时间／次等指标进行统计发现，在训练次数／周上，三支球队平均每周训练频次均为1次；在训练总时间／次上，三支球队平均分别为20分钟、30分钟和25分钟，总体平均25分钟；在练习组数／次上，三支球队均为1组；在练习次数／组上，三支球队分别为2.5次、3次和2次，总体平均2.5次；在练习时间／次上，三支球队平均分别为8分钟、10分钟和12.5分钟，总体平均10.2分钟，如表45所示。

表45 球队高强度有氧耐力训练次数、时长和组数安排

球队	训练次数／周	训练总时间／（min／次）	练习组数／次	练习次数／组	练习时间／（min／次）
申鑫队	1	20	1	2.5	8.0
鲁能队	1	30	1	3.0	10.0
三高队	1	25	1	2.0	12.5
总体	1	25	1	2.5	10.2

注：表中数据为平均数。

高强度有氧耐力作为该年龄阶段重点发展的素质，目的是提高球员的最大摄氧量水平，从而提高比赛节奏。关于周训练次数和提高／保持足球运动员最大摄氧量的关系，该类相关研究较少，且没有形成一个统一的认识。早期相关研究证明，当进行持续性有氧训练时，周训练频次由4次减少为2次，其最大摄氧量水平仍可以得到保持（Hickson et al，1981）。近期有相关研究也证明，对于半职业球员来说，每周一次和每两周一次的高强度间歇训练均可以保持其

最大摄氧量水平（Slettaløkken et al，2014）。Wenger等（1986）通过对比前人研究发现，在90%~100%VO$_{2max}$负荷强度时，和2次/周、3次/周、5次/周和6次/周训练相比，4次/周可以最大幅度地提升其最大摄氧量，并指出每周至少2次的训练频率可以提高体能基础较差的足球运动员的最大摄氧量，但对于最大摄氧量超过50ml/（kg·min）时，训练频率应提高到每周3次及以上。可以看出，周训练频次和最大摄氧量并非一种线性关系，同时受到负荷强度、训练方法手段以及实验对象初始摄氧量水平等因素的影响。我国16岁男子高水平足球运动员每周只进行1次的高强度耐力训练，这显然不能最大幅度提升其摄氧量水平。在进行有氧功训练时，机体恢复时间为40~48小时，即两天左右的时间，根据超量恢复原理，每周安排2~3次高强度有氧训练更为合理。

在发展最大有氧耐力时，训练总时间一般为10~25分钟，练习组数一般为2~4组，每组练习3~6次，每次练习时间为20秒~4分钟。我国该年龄阶段足球运动员在进行高强度有氧耐力训练时，每次练习持续时间为10.2分钟，不符合高强度有氧耐力20秒~4分钟的持续时间标准，高强度有氧耐力需要达到对球员中心性因素的最大刺激，这需要接近最大摄氧量的负荷强度，每次练习持续时间过长，必然难以保证负荷强度，难以刺激球员的心血管系统。相关研究已经证明，和持续跑训练相比，短时间歇训练在提升球员最大摄氧量和延缓疲劳方面均表现出优势（Ferrari，2008；Bacon et al，2013）。所以，在实际训练过程中，教练员可以缩短每次练习持续时间，保证负荷强度，通过增加练习组数来保证训练量，从而达成训练目标。

四、高强度有氧耐力训练效果的评价

（一）评价指标

大量研究表明，在有氧耐力训练时，其负荷强度和运动员心率具有显著的正相关，所以在有氧训练中，负荷强度可以通过球员的心率体现。根据班斯伯提出的不同有氧耐力训练对应的发展心率区间，有氧低强度耐力发展的适宜区间为最大心率的50%~80%，平均为最大心率的65%；有氧中强度耐力发展的适宜区间为最大心率的70%~90%，平均为最大心率的80%；有氧高强度耐力发展的适宜区间为最大心率的80%~100%，平均为最大心率的90%；其中有氧功耐力对应的适宜心率区间为最大心率的80%~90%，最大有氧功耐力发展的适宜区间为最大心率的90%~100%。所以,通过目标心率区间占比可以对有氧耐力训练效果做出准确客观的评价。

(二)评价标准的建立

本研究利用离差法建立有氧高强度耐力训练效果的评价标准,离差法是根据正态分布原理,利用平均数和标准差制定评价等级的方法。该方法要求观测数据服从或者近似服从正态分布。离差法对各评价等级人数比例没有一个硬性的规定,其评价等级的人数比例是根据评价目的和预期评价效果确定的,评价等级通常分为五级或三级。

首先,计算指标的均值(M)和标准差(S)。由表46可以看出,该指标极大值为100%,极小值为17.9%,极差为82.1%,平均数为71.65%,标准差为20.78%。

表46 数据的描述性统计结果

指标	N	极大值(max)	极小值(min)	极差	平均数(M)±标准差(S)
80%~100%心率占比(%)	73	100	17.9	82.1	71.65±20.78

其次,确定等级的划分范围。结合本研究的需要,本文选用三级评价,分别为优、中和差。由于指标为高优指标,所以不同评价等级所对应的范围如表47所示。

表47 不同评价等级对应的范围及期望百分比

评价等级	对应范围	期望百分比(%)
优	$\bar{X}+0.67S$以上	25
中	($\bar{X}-0.67S \sim \bar{X}+0.67S$)	50
差	$\bar{X}-0.67S$以下	25

最后,建立评价指标不同等级所对应的范围。由表48可以看出,训练质量为优秀等级所对应的80%~100%心率占比为大于或等于85.57%,训练质量为

中等级所对应的80%~100%心率占比为57.73%~85.57%，训练质量为差所对应的80%~100%心率占比为小于等于57.73%。

表48 评价指标不同等级对应的范围

	优	中	差
80%~100%心率占比（%）	≥85.57	57.73<X<85.57	≤57.73

（三）不同球队训练效果的实际评价

通过建立的有氧高强度耐力训练质量的评价标准，分别对三支球队进行实际评价。

1. 申鑫队

通过对申鑫队两次有氧高强度耐力训练时球员心率的基本情况进行采集并进行统计分析，结果显示（表49）：在第一次训练中，共有13名球员参加训练，训练质量为优的人数只有1人，占比为7.69%；训练质量为中的人数为9人，占比为69.23%；训练质量为差的人数为3人，占比为23.08%。在第二次训练中，参加训练的球员数量同样为13人，训练质量为优的人数为6人，占比为46.15%；训练质量为中的人数为4人，占比为30.77%；训练质量为差的人数为3人，占比为23.08%。由以上可以看出，申鑫队第二次有氧高强度训练质量明显好于第一次。

表49 申鑫队有氧高强度耐力训练质量评价

	优	中	差
第一次训练	1	9	3
占比（%）	7.69	69.23	23.08
第二次训练	6	4	3
占比（%）	46.15	30.77	23.08

2. 鲁能队

通过分别对鲁能队两次有氧高强度耐力训练时球员的心率区间进行分析，结果显示（表50）：在第一次训练中，参加该训练的球员人数为14人，其中训练质量为优的人数为0；训练质量为中的人数为9人，占比为64.29%；训练质量为差的人数为5人，占比为35.71%。在第二次训练中，参加该训练的球员人数为15人，其中训练质量为优的人数为1人，占比为6.67%；训练质量为中的人数为10人，占比为66.67%；训练质量为差的人数为4人，占比为26.67%。由以上可以看出，鲁能队第二次训练的质量要优于第一次训练的质量。

表50　鲁能队有氧高强度耐力训练质量评价

	优	中	差
第一次训练	0	9	5
占比（%）	0	64.29	35.71
第二次训练	1	10	4
占比（%）	6.67	66.67	26.67

3. 三高队

通过分别对三高队两次有氧高强度耐力训练时球员的心率区间进行分析，结果显示（表51）：在第一次训练中，参加此训练的球员人数11名，其中训练质量为优的人数为3人，占比为27.27%；训练质量为中的人数为8人，占比为72.73%；没有训练质量等级为差的球员。在第二次训练中，参加训练的球员人数为10名，其中训练质量为优的人数为7人，占比为70%；训练质量为中的人数为3人，占比为30%；同样不存在训练质量等级为差的球员。由此可见，该队两次有氧高强度训练质量均比较高，尤其是第二次训练，取得了非常理想的训练效果。

表51　三高队有氧高强度耐力训练质量评价

	优	中	差
第一次训练	3	8	0
占比（%）	27.27	72.73	0

（续表）

	优	中	差
第二次训练	7	3	0
占比（%）	70	30	0

五、个案分析

为更加深入地了解球队有氧耐力实际训练的过程，本研究选取具有代表性的高强度有氧耐力的训练课（部分）进行剖析，以便分析训练安排和实施过程中存在的问题，提高训练质量。

（一）案例1

球队：申鑫队16岁男子足球队。

训练目标：发展球员的有氧耐力。

训练时间：2017年8月30日。

训练地点：上海市金山体育中心3号足球场。

训练人数：13人，4~5人×3组。

练习区域：两个罚球区线之间的距离，长度约为65米。

组织形式和要求：4~5人一组，共分为3组，其中两组（A组和B组）站在罚球区线上，另外一组（C组）站在另外半场的罚球区线上。首先A组球员跑向对面指定地点，在到达指定地点时，对面C组球员跑向对面指定地点，C组球员达到指定地点时，B组球员跑向对面指定地点，这样不断循环往复。同时，训练对球员的速度有一定的要求，要求每名队员用13秒跑到对面指定位置。

练习持续时间：练习共进行两次，每次训练持续4分30秒。

练习重复组数：1组。

练习次数：两次。

间歇时间：两次跑动之间间歇26秒，即两倍的快速跑时间。组间间歇5~6分钟。

训练的效果分析：从球队整体的训练负荷来看，80%~90%的心率区间占比为53.74%，90%~100%的心率区间占比为19.02%，80%~100%的心率区间平均占比为72.76%，球员的平均心率为168.9次/分，平均心率强度为83.60%，符合有氧高强度耐力发展的需要（表52）。但从球员个体的角度来看，80%~100%心率区间占比最低的为20.2%，最高的为92.8%，只有9名球员大部分心率区间在最大心率的80%~100%区间，约占球员总人数的69.2%，30.8%的球员大部分心率区间没有达到训练要求；在心率强度上，最低的为76.79%，最高的为91.13%，心率强度在80%以上的球员占训练总人数的69.2%（表53），通过球队整体训练负荷和球员个体的负荷特征可以看出，该训练的部分球员的负荷强度没有达到有氧高强度耐力发展要求。

表52　球队整体的训练负荷强度特征

负荷强度	平均值
0~69%（强度百分比）	8.04 ± 8.67
70%~79%（强度百分比）	19.20 ± 16.83
80%~89%（强度百分比）	53.74 ± 26.95
90%~100%（强度百分比）	19.02 ± 26.65
平均心率（次/分）	168.9 ± 9.85
最高心率（次/分）	186.2 ± 8.66
心率强度（%）	83.60 ± 4.57

表53　不同球员负荷强度分布特征

球员姓名	80%~100%心率区间占比（%）	平均心率（次/分）	最高心率（次/分）	心率强度（%）
王××	76.1	170	189	81.49
丘××	92.8	177	188	89.39
汪××	20.2	151	167	76.79
李××	91.25	172	181	87.31
陈×	87.7	169	186	87.31
毕××	87.65	175	191	85.96
谢×	91.25	181	187	84.98
张××	46.5	159	182	79.65
董××	79.35	169	186	81.80
王××	57.8	160	192	79.6

（续表）

球员姓名	负荷强度			
	80%~100%心率区间占比（%）	平均心率（次/分）	最高心率（次/分）	心率强度（%）
孙××	74.9	170	186	82.53
吴××	51.5	161	195	78.92
郭××	88.85	185	203	91.13

原因分析：第一，根据国际足联标准，16岁足球运动员最大有氧速度在17~18千米/小时，约为4.7~5米/秒，从每次跑动距离和时间来看，球员平均跑动速度符合发展有氧高强度耐力的要求，但每次跑动持续的时间较短，仅为13秒左右，每两次间歇时间达到了26秒，难以达到对机体有氧中心性因素的较深刺激；第二，在球员的跑动中，所有球员都选择同样的跑动速度，没有考虑到球员的个体差异性，通过表53可以看出，队员的平均心率差异性较大，即相对负荷强度差异性较大，这主要是球员的个体差异性造成的，所以教练员在相关训练的设计中，应考虑球员之间的个体差异，根据不同队员设计不同的跑动速度，尽量使每名队员心率都达到目标心率强度的范围。

（二）案例2

球队：三高队16岁男子足球队。
训练目标：发展球员的有氧耐力。
训练时间：2017年11月22日。
训练地点：三高俱乐部2号足球场。
训练人数：11人。
练习区域：2号足球场，周长约为340米。
组织形式和要求：11名球员围绕足球场边线进行快速跑。在第一次训练时，要求所有球员围绕足球场快速跑一圈，时间为1分15秒；在第二次训练时，要求所有球员围绕足球场快速跑两圈，时间为2分30秒；在第三次训练时，要求所有球员围绕足球场快速跑三圈，时间为3分45秒。在训练的过程中，教练员会对运动员的跑动速度进行提醒，以保证所有球员在规定的时间内到达终点。
练习持续时间：练习共进行3次，持续时间分别为1分15秒、2分30秒和3

分45秒。

练习重复组数：1组。

间歇时间：待大部分球员心率恢复至120~130次/分时进行下一次训练。

训练效果分析：从球队整体的训练负荷来看，80%~90%的心率区间占比为50.99%，90%~100%的心率区间占比为27.77%，80%~100%的心率区间平均占比为78.76%，球员的平均心率为170.7次/分，平均心率强度为83.27%，符合有氧高强度耐力发展的需要（表54）。从球员个体的角度来看，80%~100%心率区间占比最低的为61.5%，最高的为100%，所有球员大部分心率区间均在最大心率的80%~100%，在心率强度上，最低的为76.15%，最高的为90.86%，心率强度在80%以上的球员占训练总人数的81.8%（表55）。通过球队整体训练负荷和球员个体的负荷特征可以看出，该训练的负荷强度较符合有氧高强度耐力发展要求，但主要发展的素质为有氧功耐力，没有达到最大有氧功的要求。

表54　球队整体的训练负荷强度特征

负荷强度	平均值
0~69%（强度百分比）	4.65 ± 6.08
70%~79%（强度百分比）	16.59 ± 12.93
80%~89%（强度百分比）	50.99 ± 25.62
90%~100%（强度百分比）	27.77 ± 35.77
平均心率（次/分）	170.7 ± 11.84
最高心率（次/分）	185.0 ± 10.92
心率强度（%）	83.27 ± 5.40

表55　不同球员负荷强度分布特征

球员姓名	80%~100%心率区间占比（%）	平均心率（次/分）	最高心率（次/分）	心率强度（%）
李××	64.8	166	181	79.65
李××	80.2	172	189	87.14
康××	61.5	164	183	77.94
李××	77	164	176	81.83

（续表）

球员姓名	负荷强度			
	80%~100%心率区间占比（%）	平均心率（次/分）	最高心率（次/分）	心率强度（%）
董××	77.9	166	179	82.83
秦××	65.6	161	177	76.15
刘×	94.1	176	187	88.89
郭×	100	189	202	90.86
陈××	100	196	207	90.32
樊××	76.9	164	176	82.99
白××	68.3	162	179	77.35

原因分析：第一，教练员设置围绕足球场快速跑练习，标准足球场每圈的距离为340米，教练员规定75秒的时间必须回到起点，平均跑动速度4.5米/秒，符合有氧高强度耐力发展的速度要求；第二，每次快速跑持续的时间为1分15秒到3分45秒不等，符合有氧高强度训练每次持续时间的要求，教练员通过不断增加每次负荷量来达到对机体更深的刺激，取得了相对比较理想的训练效果。

从以上两个具体的案例可以看出，我国16岁男子高水平足球队在发展高强度有氧功耐力时，均主要发展有氧功耐力，没有达到发展最大有氧功耐力的强度，通过上述分析可知，平均心率强度在90%以上可以更大幅度地提高球队的最大摄氧量水平，所以教练员还应进一步提高训练的负荷强度，使球员心率达到90%以上，以更大幅度地提高球员的高强度有氧耐力。

第二节 我国16岁男子高水平足球运动员技术训练质量

在对我国16岁男子足球队重点发展技术的训练质量进行评价时，主要通过以下几个方面进行：第一，训练目标是否正确，目的是探究我国该年龄段球队技术发展目标是否正确，主要通过对抗技术和非对抗技术占比进行体现，这也是对技术训练各操作性要素进行进一步评价的前提；第二，各操作性训练要素，主要包括训练内容和训练负荷两个维度。

一、技术发展目标

通过上述可知，16岁男子足球运动员技术目标为提高球员对抗或压力下合理使用技术的能力，即足球技能。根据训练中有无防守队员，足球技术训练可以分为无对抗技术训练和对抗技术训练，对抗技术训练也称为技能训练。在青少年技术训练早期，无对抗技术训练比重较大，随着年龄的增长和技术动作稳定性的提高，对抗性技术训练的比重逐渐增大。通过对国际足联、日本、澳大利亚、英格兰等足球发达组织/国家关于16岁男子足球运动员技术发展的目标进行梳理和总结，发现对抗或压力下的合理使用技术的能力是该年龄段重点发展的技术内容之一，即16岁年龄阶段应注重足球技能的发展与提高。不同球队在技术训练中非对抗形式和对抗形式的时间分配比例，可以反映该年龄段球队技术发展目标的正确性，从而可以在一定程度上反映技术的训练质量。

（一）球队整体技术发展目标分析

由表56可知，在两周的训练中，三支球队技术训练的总时长为1254分钟。非对抗形式的训练时长为448分钟，占技术训练总时长的35.7%；对抗形式的训练时长为806分钟，占技术训练总时长的64.3%。通过以上数据可知，对抗形式的技术训练占比明显高于非对抗形式，可以得出该年龄段球队基本符合重点发展技能的目标。

表56　非对抗形式和对抗形式训练时长及占比

训练形式	训练时长（分）	占比（%）
非对抗形式	448	35.7
对抗形式	806	64.3

注：占比=不同形式下技术训练时长/三支球队技术训练总时长×100%。

（二）不同球队技术发展目标分析

由表57可知，申鑫队、鲁能队和三高队三支球队技术训练的总时长分别为536分钟、265分钟和453分钟。从表57—表59可知，申鑫队非对抗形式的技术训练时长为168分钟,占比为31.3%,对抗形式的技术训练时长为368分钟,占比为68.7%;鲁能队非对抗形式的技术训练时长为68分钟,占比为25.7%,对抗性的技术训练为197分钟,占比为74.3%;三高队非对抗形式的技术训练时长为212分钟,占比为46.8%,对抗形式的技术训练时长为241分钟,占比为53.2%。由上述数据可知,鲁能和申鑫两支球队对抗形式的技术占比明显高于非对抗形式,符合该年龄段重点发展足球技能的目标,三高队对抗和非对抗形式下的技术训练占比相近,说明该队并没有重点发展球员的足球技能,技术训练占比较大,不符合该年龄阶段对技术发展的需求。

表57 申鑫队非对抗形式和对抗形式训练时长及占比

训练形式	训练时长(分)	占比(%)
非对抗形式	168	31.3
对抗形式	368	68.7

注:占比=不同形式下技术训练时长/该球队技术训练总时长,下同。

表58 鲁能队非对抗形式和对抗形式训练时长及占比

训练形式	训练时长(分)	占比(%)
非对抗形式	68	25.7
对抗形式	197	74.3

表59 三高队非对抗形式和对抗形式训练时长及占比

训练形式	训练时长(分)	占比(%)
非对抗形式	212	46.8
对抗形式	241	53.2

(三)小结

通过对我国16岁男子高水平足球运动员技术发展目标进行实证研究,结果表明,我国该年龄球队基本符合重点发展球员足球技能的目标,但不同水平球队对抗形式的技术训练占比差异性较大,说明不同球队对该年龄阶段的技术发展目标认识不统一。

二、技术训练内容

（一）进攻技术与防守技术

现代足球比赛，由于全攻全守战术打法的运用与发展，锋卫职责机械分工已经消失。比赛中队员上下、左右大范围机动跑位十分频繁，后卫插上助攻直至射门得分、前锋退居门前积极防守的现象已屡见不鲜，比赛要求每一名球员都应具备进攻和防守的双重属性，所以在青少年的培养过程中，进攻技术和防守技术应均衡发展，以适应现代足球发展的需要。

通过对我国16岁男子不同水平球队进行实地跟踪调查，研究结果发现（表60），在三支球队实际的技术训练过程中，全部为进攻技术，占比为100%，均没有安排专门防守技术的相关训练，由此可见防守技术训练在该年龄阶段的缺失。通过对各队主教练和助理教练员进行访谈发现，教练员倾向于把防守技术放到战术训练中，该种训练逻辑不符合足球竞技能力的习得规律。战术是以技术为基础的，如果没有良好的个人防守技术，小组和整体的防守战术也不可能取得理想的效果，所以在防守技术训练中，首先应从个人防守技术训练开始，逐渐过渡到小组和整体的战术训练，切不可本末倒置，以免影响球员竞技能力的发展和提高。

表60　进攻技术和防守技术训练时长及占比

	进攻技术	防守技术
训练时长（分）	1254	0
占比（%）	100	0

（二）重点发展进攻技术分析

通过以上分析可知，三支球队在技术训练的实际过程中全部为进攻技术，所以该部分只对三支球队进攻技术进行研究。

1. 重点发展进攻技术整体分析

表61为各重点发展进攻技术在技术总训练时长中的占比，从以下数据可知，在两周的训练中，三支球队共进行专门形式的控球训练184分钟，占比14.7%；专门的传接球训练为1009分钟，占比为80.5%；射门训练为61分钟，占比4.8%。通过以上数据可以看出，我国16岁男子高水平足球队伍教练员较为注重球员的传接球能力，提高控球能力和射门能力的专门训练偏少。

表61　各重点发展进攻技术占技术总训练时长的占比

进攻技术	训练时长（分）	占比（%）
控球	184	14.7
传接球	1009	80.5
射门	61	4.8

2. 不同球队重点发展进攻技术情况分析

在两周的训练中，通过对不同球队各重点发展进攻技术训练时长和占比进行统计，研究结果显示（表62—表64）：申鑫队在技术训练内容上，训练的技术内容为控球、传接球和射门，其中控球练习训练时长为30分钟，占比为5.6%；传接球练习训练时长为463分钟，占比为86.4%；射门练习训练时长为43分钟，占比为8.0%。从以上可以看出申鑫队在技术训练中，注重发展球员的传接球能力，提高控球能力和射门能力的相关练习偏少。鲁能队在技术训练内容上，训练的技术内容为控球、传接球和射门，其中控球练习训练时长为38分钟，占比为14.3%；传接球练习训练时长为209分钟，占比为78.9%；射门练习训练时长为18分钟，占比为6.8%。从以上可以看出鲁能队在技术训练中，和申鑫队呈现出同样的特点，注重发展球员的传接球能力，但提高控球能力和射门能力的训练偏少。三高队在技术训练内容上，训练的技术内容为控球和传接球，其中控球练习训练时长为116分钟，占比为25.6%；传接球练习训练时长为337分钟，占比为74.4%；没有安排专门的射门练习。从以上可以看出三高队在技术训练中，注重发展球员传接球能力，同时注重球员个人控球能力提高，但没有安排专门提高射门能力的相关训练。

通过整体和各支球队在进攻技术内容的安排比例上可以看出，该年龄段教练员普遍注重传接球能力的提高，控球技术在不同水平球队训练时长占比差异较大，射门技术作为足球比赛中最关键的技术之一，在实际训练中占比很低，充分说明了该年龄段各重点发展进攻技术训练时长分配不尽合理。

表62　申鑫队不同进攻技术训练时长及占比

进攻技术	训练时长（分）	占比（％）
控球	30	5.6
传接球	463	86.4
射门	43	8.0

表63　鲁能队不同进攻技术训练时长及占比

进攻技术	训练时长（分）	占比（％）
控球	38	14.3
传接球	209	78.9
射门	18	6.8

表64　三高队不同进攻技术训练时长及占比

进攻技术	训练时长（分）	占比（％）
控球	116	25.6
传接球	337	74.4
射门	0	0

（三）不同训练形式下各进攻技术的训练分析

1. 不同训练形式下各进攻技术的整体分析

研究结果表明（表65）：在两周的时间内，三支球队共进行控球技术训练184分钟，其中非对抗形式下的训练时长为176分钟，占比为95.7%，对抗下的训练时长只有8分钟，占比仅为4.3%；在传接球技术上，总训练时长为1009分钟，其中非对抗下形式下的训练时长为317分钟，占比为31.4%，对抗形式下的训练时长为692分钟，占比为68.6%；在射门技术上，总训练时长为61分钟，其中非对抗形式下的训练时长为38分钟，占比62.3%，对抗形式下的训练时长为23分钟，占比为37.7%。

表65　整体角度不同形式下各进攻技术训练时长及占比

进攻技术	非对抗形式		对抗形式	
	训练时长（分）	占比（%）	训练时长（分）	占比（%）
控球	176	95.7	8	4.3
传接球	317	31.4	692	68.6
射门	38	62.3	23	37.7

2. 不同球队不同训练形式下各进攻技术的分析

不同水平球队不同训练形式下各种进攻技术的训练时长及占比，研究结果表明（表66—表68）：申鑫队在控球技术上，所有训练均在非对抗形式下进行，没有对抗形式下的相关训练；在传接球技术上，非对抗形式下的训练时长为118分钟，占比为25.5%，对抗形式下的训练时长为345分钟，占比为74.5%；在射门技术上，非对抗形式的训练时长为20分钟，占比为46.5%，对抗形式的训练时长为23分钟，占比为53.5%。鲁能队在控球技术上，非对抗形式下的训练时长为20分钟，占比为52.6%，对抗形式下的训练时长为18分钟，占比为47.4%；在传接球技术上，非对抗形式下的训练时长为30分钟，占比为14.4%，对抗形式下的训练时长为179分钟，占比为85.6%；在射门技术上，非对抗形式的训练时长为18分钟，占比为100%，没有安排非对抗形式的相关训练。三高队在控球技术上，非对抗形式下的训练时长为116分钟，占比为100%，没有安排对抗形式下的相关训练；在传接球技术上，非对抗形式下的训练时长为96分钟，占比为28.5%，对抗形式下的训练时长为241分钟，占比为71.5%。

表66　申鑫队不同形式下各种进攻技术的训练时长及占比

进攻技术	非对抗形式		对抗形式	
	训练时长（分）	占比（%）	训练时长（分）	占比（%）
控球	30	100	0	0
传接球	118	25.5	345	74.5
射门	20	46.5	23	53.5

表67 鲁能队不同形式下各种进攻技术的训练时长及占比

进攻技术	非对抗形式		对抗形式	
	训练时长（分）	占比（%）	训练时长（分）	占比（%）
控球	20	52.6	18	47.4
传接球	30	14.4	179	85.6
射门	18	100	0	0

表68 三高队不同形式下各种进攻技术的训练时长及占比

进攻技术	非对抗形式		对抗形式	
	训练时长（分）	占比（%）	训练时长（分）	占比（%）
控球	116	100	0	0
传接球	96	28.5	241	71.5
射门	0	0	0	0

通过以上分析可以看出，我国16岁年龄阶段球队在实际技术训练过程中，均以进攻技术为主，缺少专门提高个人防守技术的训练，证明了该年龄球队技术训练内容完整性较差，不利于队员成长为一名高水平的足球运动员。根据对16岁年龄阶段重点发展的进攻技术内容的研究结果，在该年龄阶段需要重点发展的进攻技术包括控球、传接球和射门，而在进攻技术的实际训练中，该年龄阶段的球队各重点发展的进攻技术训练时长分配不尽合理，普遍以发展球员的传接球能力为重点，提高控球能力和（或）射门能力的训练时间偏少，甚至出现需要重点发展的进攻技术没有在训练中得到发展的情况。

各重点发展的进攻技术在非对抗和对抗形式训练时长的分配上，从整体角度来看，控球和射门技术均以非对抗形式的训练为主，不符合该年龄段对抗性技术发展目标；传接球技术以对抗形式下训练为主，符合该年龄段对抗性技术的发展目标。另外，在传接球技术对抗形式的比例上，上游球队明显高于中游和下游球队，中游球队和下游球队并没有表现出明显的差异性。由此可见，我国16岁年龄阶段的技术训练内容难以满足该年龄阶段球员技术发展的需要。

三、对抗形式下技术训练负荷强度

通过上述可知，在我国16岁男子高水平足球队伍中，主要以发展进攻技术为主，其中传接球技术占比最大，控球和射门技术练习占比很小，所以本部分只对对抗形式下传接球技术的负荷强度进行研究。

（一）对抗形式下技术训练负荷强度的整体分析

为了对比该年龄段对抗下传接球技术训练和正式比赛的负荷强度，本部分通过统计中国足协2017年U16联赛的部分比赛球员的平均心率，共计24场次（详见附录C）。研究结果表明（表69）：正式比赛中球员的平均心率为168次/分，在对抗形式下传接球技术训练中球员的平均心率为156次/分，通过独立样本t检验，对抗形式下传接球技术训练中球员的平均心率明显低于正式比赛中球员的平均心率（$P=0.000<0.01$），由此可以得出，我国该年龄段对抗形式下传接球技术训练的负荷强度偏低，结合实际的训练发现，这主要和教练员的训练设置存在较大的关系。在足球训练中，球门、球、球员、场地、规则等因素是影响训练负荷强度的重要因素，我国该年龄阶段的教练员很少甚至没有利用上述因素来达到提高训练负荷强度的目的，训练形式较为单一，训练手段变化较少，反映出教练员相关方面训练知识的缺乏。

表69　竞技性比赛和对抗下传接球技术训练球员平均心率对比

心率表现指标	竞技性比赛	传接球训练	t	df	Sig.（单侧）
平均心率（次/分）	168 ± 2.5	156 ± 8.2	6.435	47	0.00**

注：*表示$P<0.05$，**$P<0.01$。

（二）不同球队对抗形式下技术训练的负荷强度

研究结果表明（表70）：在对抗下传接球技术训练中，申鑫队球员的平均心率为155次/分，鲁能队球员的平均心率为163次/分，三高队球员的平均心率为153次/分，通过对三者进行单因素方差分析，鲁能平均心率显著高于三高队（$P=0.37<0.05$），鲁能队和申鑫队、申鑫队和三高队均没有表现出显著性差异。

表70 不同球队对抗下传接球技术训练球员平均心率对比

心率指标	申鑫队（$N=11$）	鲁能队（$N=6$）	三高队（$N=7$）	F	P
平均心率（次/分）	155±8	163±4[b]	153±10[b]	2.875	0.079

注：b表示三高队和鲁能队之间有显著性差异。

第三节 我国16岁男子高水平足球运动员战术训练质量

一、战术训练时长及占比

（一）球队整体战术训练分析

研究结果表明（表71），在两周的时间内，三支球队战术训练时长为615分钟，占有效训练总时长的19.9%，显著低于30%的理论值，由此可以得出，该年龄阶段训练没有把提升球员的战术能力作为发展的最主要的目标，训练时长偏少，不利于球员战术能力的快速发展与提高。

表71 整体角度战术训练时长及占比

指标	训练时长（分）	占比（%）
战术训练	615	19.9

注：占比=（战术训练时长/三支球队有效训练时长之和）×100%，下同。

（二）不同球队战术训练分析

通过对不同水平球队的战术训练时长及占比进行统计，结果表明（表72），申鑫队战术训练时长为173分钟，占比为14.8%，鲁能队战术训练时长为303分钟，占比为30.4%，三高队战术训练时长为139分钟，占比为14.9%。由以上数据可以看出，除鲁能队符合战术训练占比的理论值，其他两队均明显低于该理论值，结合两队体能和技术训练占比来看，两支球队均呈现出技术训练占比较大的情况，分别为45.9%和48.7%，说明球队在训练时长方面分配不合理，没有突出发展球员的战术能力。

表72 三支球队战术训练时长及占比

球队名称	训练时长（分）	占比（%）
申鑫队	173	14.8
鲁能队	303	30.4
三高队	139	14.9

二、战术发展目标

研究结果表明（表73），我国16岁男子高水平足球队在战术训练中，均采用了小组形式，训练组织形式主要包括2v2、3v3、5v5，训练的组织形式来看符合该年龄段战术发展目标。但结合实际训练可以看出（表74），教练员在设计战术训练计划时，均缺少对比赛时刻和球场区域比赛情境的考虑，在615分钟的战术训练中，结合比赛情境的战术训练时长为203分钟，占比仅为33%，没有考虑比赛情境的战术训练时长为412分钟，占比高达67%，这说明我国该年龄阶段球队战术训练目标不正确，难以满足该年龄阶段足球运动员战术发展的需要。

表73 小组训练在战术训练中的占比

训练形式	训练时长（分）	占比（%）
小组训练	615	100

表74 有无结合比赛情景的战术训练时长及占比

有无结合比赛情境	有	无
训练时长（分）	203	412
占比（%）	33	67

三、战术发展内容

（一）不同主题的战术训练时长及占比

表75表明，在两周的时间内，该年龄阶段球队进攻战术训练时长为489分钟，占战术训练总时长的79.5%，防守战术训练时长为32分钟，占战术训练总时长的5.2%，攻防转换战术训练时长为94分钟，占比为15.3%。从以上数据可以看出，在该年龄段的战术训练中，将近80%的战术训练内容为进攻战术，凸显出我国该年龄段球队各项进攻战术训练内容分配不尽合理。

表75 进攻战术和防守战术训练时长及占比

	进攻战术	防守战术	攻防转换战术
训练时长（分）	489	32	94
占比（%）	79.5	5.2	15.3

（二）各项进攻战术训练的具体内容

研究结果表明（表76），该年龄段战术训练的具体内容主要包括控球、配合传中至射门、2—4人快速配合和反击，进攻战术训练的内容没有达到该年龄阶段战术的发展需要。结合三支球队发现，申鑫队主要发展的战术内容是2~4人快速配合以及配合传中至射门，鲁能队主要发展的战术内容包括控球、反击以及配合传中射门，三高队主要发展的战术内容为配合传中至射门，由此可见，上游球队战术训练内容较多，中下游球队战术训练内容比较单一，不利于综合战术能力的提高。

表76 不同进攻战术内容训练时长及占比

相关指标	控球	配合传中至射门	2~4人快速配合	反击
训练时长（分）	165	132	98	94
占比（%）	33.7	27.0	20.0	19.3

四、战术训练负荷强度

（一）战术训练负荷强度的整体分析

为了对比该年龄段战术训练和正式比赛的负荷强度，本部分通过统计中国足协2017年U16联赛的部分比赛球员的平均心率，共计24场次（见附录C）。研究结果表明（表77），正式比赛中球员的平均心率为168次/分，战术训练中球员的平均心率为153次/分，通过独立样本t检验，战术训练中球员的平均心率明显低于正式比赛中球员的平均心率（$P=0.000<0.01$）；分析其原因，这或许和战术训练过程会出现间断有密切关系，教练员需要封冻场景对球员的战术行为给予指导和评价，但战术训练需要建立在一定的负荷强度之上，否则难以在真实的比赛情境中得以应用，所以，教练员应合理掌握指导时机和频次，在球员出现共性的错误时再给予暂停指导，以保证战术训练的负荷强度。

表77 正式比赛和战术训练球员平均心率对比

心率表现指标	正式比赛	战术训练	t检验 t	df	Sig.（单侧）
平均心率（次/分）	168±2.5	153±10	6.733	52	0.000**

注：*表示$P<0.05$，**$P<0.01$。

（二）不同球队战术训练的负荷强度

研究结果表明（表78），在战术训练中，申鑫队球员的平均心率为149次/分，鲁能队球员的平均心率为159次/分，三高队球员的平均心率为148次/分，通过对三者进行单因素方差分析，鲁能队平均心率显著高于其他两队，申鑫队和三高队两者没有表现出差异性。

表78 不同球队战术训练球员平均心率对比

心率表现指标	申鑫队（$N=8$）	鲁能队（$N=13$）	三高队（$N=6$）	F	P
平均心率（次/分）	149 ± 14^a	159 ± 5^{ab}	148 ± 3^b	4.771	0.017*

注：*表示不同球队之间具有显著差异的变量，$P<0.05$；**表示不同球队之间具有非常显著差异的变量，$P<0.01$。a表示申鑫队与鲁能队之间有显著性差异，b表示三高队和鲁能队之间有显著性差异。

第四节 我国16岁男子高水平足球运动员训练性比赛分析

运动训练学指出，按主要目的可将比赛分为竞技性比赛、训练性比赛、检查性比赛和适应性比赛四种基本类型[1]，如图30所示。其中竞技性比赛即我们通常所说的正式比赛，其主要任务是创造理想的成绩，实现训练目标；训练性比赛的主要任务是在比赛条件下，培养和发展运动员专项所需要的某种能力或综合能力。

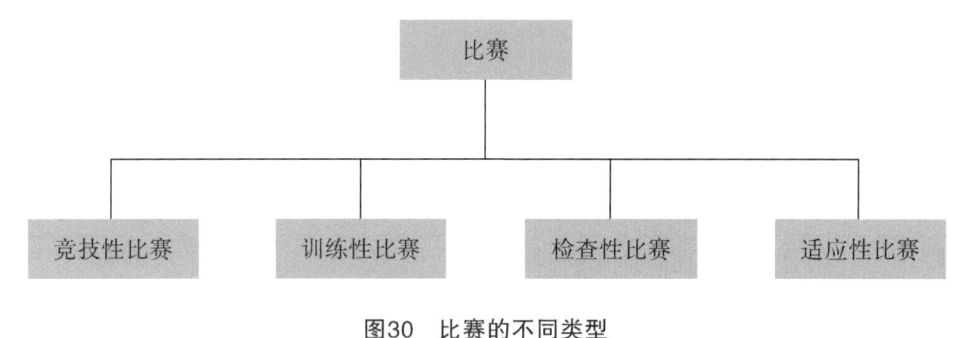

图30 比赛的不同类型

一、不同类型比赛球员心率特征

竞技性比赛是一种真实的比赛形式，和其他类型的比赛有着本质的区别，体现了比赛的本质特征，同时也是训练追求的目标。不论在负荷量还是负荷强度上，训练性比赛应尽可能接近竞技性比赛，提高训练质量。通过采取不同球队训练性比赛的相关指标数据，并与竞技性比赛进行对比，可以对训练性比

[1] 田麦久.运动训练学[M].北京：人民教育出版社，2000：380.

赛质量作出客观准确的评价。所以，本部分选取了中国足协2017年U16联赛的部分比赛进行分析，共计24场次（详见附录C），揭示16岁年龄段正式比赛的基本特征，并与不同球队训练性比赛的相关数据进行对比，评价训练性比赛的质量。

（一）竞技性比赛球员心率特征

研究结果表明（表79），在16岁年龄段的24场正式比赛中，球队的平均心率为168次/分，其中最大值为172次/分，最小值为162次/分；平均最高心率为194次/分，最大值为199次/分，最小值为191次/分；平均心率强度为82%，最大值为84%，最小值为80%。

表79　正式比赛球员心率的基本表现特征（$n=24$）

心率指标	最大值	最小值	平均值±标准差（$M \pm SD$）
平均心率（次/分）	172	162	168±2.5
平均最高心率（次/分）	199	191	194±1.9
平均心率强度（%）	84	80	82±1.2

注：球队平均心率=球队每场比赛平均心率之和/比赛场次；球队平均最高心率=球队每场比赛平均最高心率之和/比赛场次；球队平均心率强度=球队每场比赛平均心率强度之和/比赛场次。

（二）训练性比赛球员心率特征

研究结果表明（表80），在16岁年龄段的7场训练性比赛中，球队的平均心率为165次/分，其中最大值为171次/分，最小值为160次/分；平均最高心率为192次/分，最大值为196次/分，最小值为190次/分；平均心率强度为80.8%，最大值为83.6%，最小值为78.4%。

表80　训练性比赛球员心率的基本表现特征（$n=7$）

心率指标	最大值	最小值	平均值±标准差（$M \pm SD$）
平均心率（次/分）	171	160	165±4.1
平均最高心率（次/分）	196	190	192±3.4
平均心率强度（%）	83.6	78.4	80.8±2.0

（三）竞技性比赛与训练性比赛球员心率表现特征对比

为探究对16岁年龄段正式比赛和实验球队训练性比赛心率相关指标的差异性，对两者进行独立样本t检验。研究结果表明（表81），两者在球队平均心率（$P=0.015<0.05$）、球队平均最高心率（$P=0.025<0.05$）和球队平均心率强度（$P=0.015<0.05$）方面均有显著性差异，训练性比赛相关心率指标明显偏低。

表81 竞技性比赛和训练性比赛心率表现特征对比

心率表现指标	不同类型比赛 竞技性比赛	不同类型比赛 训练性比赛	t检验 t	t检验 df	t检验 Sig.（单侧）
平均心率（次/分）	168 ± 2.5	165 ± 4.1	2.289	29	0.015*
平均最高心率（次/分）	194 ± 1.9	192 ± 3.4	2.049	29	0.025*
平均心率强度（%）	82.0 ± 1.2	80.8 ± 2.0	2.289	29	0.015*

注：*表示$P<0.05$，**$P<0.01$。

二、不同类型比赛球员跑动表现特征

（一）竞技性比赛球员跑动表现特征

研究结果表明（表82），在16岁年龄阶段的正式比赛中，球员平均跑动总距离为9104米，最大值为10054米，最小值为8138米；平均走和慢跑的距离为3595米，占比为39.5%，其中最大值为3926米，最小值为3280米；平均低速跑距离为1107米，占比为12.2%，其中最大值为1412米，最小值为925米；平均中速跑距离为2114米，占比为23.2%，其中最大值为2615米，最小值为1820米；平均快速跑距离为1258米，占比为13.8%，其中最大值为1544米，最小值为1072米；平均高速跑距离为795米，占比为8.7%，其中最大值为1029米，最小值为614米；平均冲刺跑距离为233米，占比为2.6%，其中最大值为376米，最小值为171米。

表82 竞技性比赛中球员各项跑动表现指标特征（n=24）

跑动指标	最大值（米）	最小值（米）	平均值±标准差（米）	占比（%）
平均跑动总距离	10054	8138	9104±474	100
平均走、慢跑距离	3926	3280	3595±202	39.5
平均低速跑距离	1412	925	1107±122	12.2
平均中速跑距离	2615	1820	2114±186	23.2
平均快速跑距离	1544	1072	1258±131	13.8
平均高速跑距离	1029	614	795±116	8.7
平均冲刺跑距离	376	171	233±47	2.6

注：各跑动指标的平均值＝跑动总距离/10，下同。

（二）训练性比赛球员跑动特征

研究结果表明（表83），在16岁年龄阶段的7场训练性比赛中，球员平均跑动总距离为8393米，最大值为8824米，最小值为7447米；平均走和慢跑的距离为3419米，占比为40.7%，其中最大值为3818米，最小值为3076米；平均低速跑距离为1123米，占比为13.4%，其中最大值为1217米，最小值为932米；平均中速跑距离为2018米，占比为24.0%，其中最大值为2214米，最小值为1588米；平均快速跑距离为1095米，占比为13.0%，其中最大值为1269米，最小值为795米；平均高速跑距离611米，占比为7.3%，其中最大值为754米，最小值为392米；平均冲刺跑距离为161米，占比为1.9%，其中最大值为217米，最小值为96米。

表83 训练性比赛中球员各项跑动表现指标特征（n=7）

跑动指标	最大值（米）	最小值（米）	平均值±标准差（米）	占比（%）
平均跑动总距离	8824	7447	8393±557	100%
平均走、慢跑距离	3818	3076	3419±267	40.7%
平均低速跑距离	1217	932	1123±110	13.4%
平均中速跑距离	2214	1588	2018±243	24.0%
平均快速跑距离	1269	795	1095±152	13.0%
平均高速跑距离	754	392	611±114	7.3%
平均冲刺跑距离	217	96	161±40	1.9%

（三）竞技性比赛与训练性比赛球员跑动表现特征对比

为探究16岁年龄段正式比赛和实验球队训练性比赛跑动相关指标的差异性，对两者进行独立样本t检验。研究结果表明（表84），两者在场均跑动总距离（$P=0.001<0.01$）、场均走慢跑距离（$P=0.034<0.05$）、场均快速跑距离（$P=0.005<0.01$）、场均高速跑距离（$P=0.000<0.01$）和场均冲刺跑距离（$P=0.001<0.01$）五项跑动指标均存在显著性差异，且训练性比赛跑动相关指标均明显偏低。

表84 竞技性比赛和训练性比赛球员跑动表现特征对比

跑动表现指标	竞技性比赛（米）	训练性比赛（米）	t	df	Sig.（单侧）
场均跑动总距离	9104 ± 474	8393 ± 557	3.360	29	0.001**
场均走慢跑距离	3595 ± 202	3419 ± 267	1.900	29	0.034*
场均低速跑距离	1107 ± 122	1123 ± 110	−0.292	29	0.386
场均中速跑距离	2114 ± 186	2018 ± 243	1.125	29	0.135
场均快速跑距离	1258 ± 131	1095 ± 152	2.800	29	0.005**
场均高速跑距离	795 ± 116	611 ± 114	3.701	29	0.000**
场均冲刺跑距离	233 ± 47	161 ± 40	3.640	29	0.001**

注：*表示$P<0.05$，**$P<0.01$。

对于足球青少年而言，训练性比赛作为训练的特殊形式，在发展球员竞技能力中起着不可替代的作用。通过对不同球队关于训练性比赛的安排可以看出，每支球队通常会在周末安排一场训练性比赛，来培养和发展球员的综合竞技能力。在训练性比赛的安排中，应使其接近真实比赛的情境，这样才能最大幅度地提高球员的竞技能力。通过对16岁年龄阶段训练性比赛进行分析，发现球员的平均心率、平均心率强度、场均跑动总距离、场均快速跑距离、场均高速跑距离和场均冲刺跑距离均明显低于正式比赛，这说明训练性比赛不管是在负荷量还是在负荷强度上均没有达到正式比赛的水平，分析其原因，一方面和对手的水平存在较大关系，在三支球队7场的训练性比赛中，其中有5场比赛对手均为学校队伍，和职业俱乐部梯队水平差距明显，这或许是造成球队负荷强度和负荷量显著低于正式比赛的主要原因；另一方面和外部的比赛环境存在一定关系，由于训练性比赛和正式比赛的外部环境差异较大，对队员缺乏足够的刺激，球员普遍缺乏强烈的比赛欲望，机体水平没有达到相对较高的标准，运动表现受到限制。

本章小结

本章节主要对我国16岁男子高水平足球队在体能、技术和战术三个子竞技能力方面的训练质量进行实际评价。在体能方面，通过整体和不同水平球队有氧耐力训练时的心率区间占比可以看出，我国16岁男子高水平足球运动员在发展高强度有氧耐力的训练中，球员心率区间主要集中在80%~90%HRmax，以发展球员的有氧功耐力为主，缺少最大有氧功耐力素质的发展，训练强度偏低，不能最大幅度地提高球员的最大摄氧量和高强度有氧耐力素质。在技术发展目标方面，我国该年龄阶段球队基本符合球员发展对抗技术的目标，但不同水平球队对抗形式的技术训练占比差异性较大，说明不同球队对该年龄阶段的技术发展目标认识不统一。在技术发展内容方面，训练内容均为进攻技术，无防守技术内容，在进攻技术中，该年龄段教练员普遍注重传接球能力的提高，控球技术在不同水平球队训练时长占比差异较大，射门技术作为足球比赛中最关键的技术之一，在实际训练中占比很低，说明该年龄段各重点发展进攻技术训练时长分配不尽合理。在战术发展目标方面，我国16岁男子高水平足球队均采用了小组形式，训练组织形式主要包括2v2、3v3、5v5，从训练的组织形式来看符合该年龄段战术发展目标，但均缺少对比赛时刻和球场区域比赛情境的考虑，说明我国该年龄阶段球队战术训练目标不正确，难以满足该年龄阶段足球运动员战术发展的需要。在战术发展内容方面，近80%战术训练内容为进攻战术，凸显出我国该年龄段球队各项进攻战术训练内容分配不尽合理。上游球队（鲁能队）战术训练内容较为丰富，中（三高队）、下（申鑫队）游球队战术训练内容较单一，不利于综合战术能力的提高。在训练性比赛方面，球队在平均心率、球队平均最高心率（$P=0.025<0.05$）和球队平均心率强度指标上均显著低于竞技性比赛，比赛强度偏低；在平均跑动总距离、平均走慢跑距离、平均快速跑距离、平均高速跑距离和平均冲刺跑距离五项跑动指标上，训练性比赛也均明显比竞技性比赛偏低。

参考文献

[1] 牛顿.自然哲学之数学原理[M].王克迪,译.西安:陕西人民出版社,2001.

[2] 斯蒂芬·P.罗宾斯.管理学[M].孙健敏,等,译.北京:中国人民大学出版社,2004:574.

[3] 余小波.高等教育质量概念:内涵与外延[J].高教发展与评估,2005(6):46-49.

[4] 杨遒军,刘国强.训练效果评价的探讨[J].广州体育学院学报,1991,11(1):98-103.

[5] 陈小平.竞技运动训练实践发展的理论思考[M].北京:北京体育大学出版社,2008:32.

[6] 冯树勇.训练质量——提高训练效果的重要因素[J].田径,2004(6):39-40.

[7] 林绍春,关惠苏.训练质量评价因素探讨[J].体育科技,1988(2):1-3.

[8] 胡亦海.竞技运动训练理论与方法[M].北京:人民体育出版社,2014:309.

[9] 田麦久.运动训练学[M].北京:高等教育出版社,2005:17.

[10] 何志林.现代足球(全国体育院校通用教材)[M].北京:人民体育出版社,2000.

[11] 王崇喜.球类运动——足球[M].北京:高等教育出版社,2005.

[12] 中国足球协会审定.中国青少年儿童训练大纲[M].北京:人民教育出版社,2013.

[13] 何志林.足球[M].北京:人民教育出版社,2005:245.

[14] 黄竹杭.足球训练设计[M].北京:高等教育出版社,2010:9.

[15] 曹建民,杨一民,陆一帆,等.97全国甲A足球队春训生化指标的观察[J].北京体育大学学报,1999(1):20-23.

[16] 部义峰,刘丹.中国女子足球队体能训练过程研究——基于备战第30届伦敦奥运会预选赛[J].2013,49(4):19-28.

[17] 孙哲，陈效科，温丽蓉.中国国家青年女子足球队南京亚青赛备战过程研究[J].北京体育大学学报，2015，38（8）：138-144.

[18] 曾桂生.我国青年女足运动员在比赛与训练中活动距离的比较分析[J].湖北体育科技，1998（2）：26-28.

[19] 潘泰陶.1986年全国重点布局单位青年足球队冬训调研[J].西安体育学院学报，1988，5（3）：45-50.

[20] 臧鹤鹏，赵治治，姚鹏.中国足协U17运动员训练现状分析及对策[J].首都体育学院学报，2011，23（6）：546-549.

[21] 郭嘉良.北京市回民小学男子足球队训练内容的研究[D].北京：中央民族大学，2017.

[22] 王之磊.我国U15男子足球队单元训练课实施过程的案例分析[D].北京：北京体育大学，2009.

[23] 张志刚.我国部分U17年龄组男子足球队冬训期训练安排研究[D].北京：北京体育大学，2006.

[24] 侯晋鲁.陕西省U17青年男足备战第7届城运会体能训练监控研究[D].西安：西安体育学院，2012.

[25] 孙航.陕西省U18男足备战第12届全运会决赛阶段防守战术训练过程监控运用情况的研究[D].西安：西安体育学院，2015.

[26] 朱倩云.中国女足青年队备战2014年世青赛技战术训练效果研究[D].北京：北京体育大学，2015.

[27] 洪毅，王玉峰，刘浩.我国优秀足球队有球大负荷课的比较分析[J].广州体育学院学报，2000，20（2）：104-106.

[28] Helgerud J, Engen LC, Wisloff U, et al. Aerobic endurance training improves soccer performance [J]. Med Sci Sports Exerc, 2001, 33: 1925-1931.

[29] Ferrari Bravo D, Impellizzeri FM, Rampinini E, et al. Sprint vs. interval training in football [J]. Int J Sports Med, 2008, 29（8）: 668-674.

[30] Impellizzeri F, Marcora S, Castagna C, et al. Physiological and performance effects of generic versus specific aerobic training in soccer players [J]. Int J Sports Med, 2006, 27（6）: 483-492.

[31] Sporis G, Ruzic L, Leko G. Effects of a new experimental training program on VO_{2max} and running performance [J]. Sports Med Phys Fitness, 2008, 48（2）: 158-165.

[32] Sporis G, Ruzic L, Leko G. The anaerobic endurance of elite soccer players improved after a high-intensity training intervention in the 8-week conditioning program [J]. Strength Cond Res., 2008, 22 (2): 559-566.

[33] Mcmillan K, Helgerud J, MacdonaldR, et al. Physiological adaptations to soccer specific endurance training in professional youth soccer players [J]. Br. J. Sports Med, 2005 (39): 273-277.

[34] Chamari K, Hachana Y, Kaouech F, et al. Endurance training and testing with the ball in young elite soccer players [J]. Br J Sports Med, 2005, 39 (1): 24-28.

[35] Jensen J, Randers M, Krustrup P, et al. Effect of additional in-season aerobic high-intensity drills on physical fitness of elite football players [J]. Sports Sci Med, 2007, 6 (10): 79.

[36] Tabata, K. Nishimura, M. Kouzaki, et al. Effects of moderate-intensity endurance and high-intensity intermittent training on anaerobic capacity and VO_{2max} [J]. Med Sci Sports Exer, 1996, 28: 1327-1330.

[37] 李春满, 于跃, 郭航进. 青年足球运动员结合球有氧耐力训练实证研究 [J]. 北京体育大学学报, 2015, 38 (1): 124-131.

[38] 水祎舟, 黄竹杭, 耿建华, 等. 足球运动专项有氧耐力训练设计实证研究 [J]. 成都体育学院学报, 2016, 42 (1): 70-77.

[39] 胡鑫. 两种有氧耐力训练方法对高校高水平男子足球运动员有氧能力的影响——以西安体育学院为例 [D]. 西安: 西安体育学院, 2015.

[40] 王忠辉. 大强度间歇训练对足球运动员专项体能的影响 [D]. 济南: 山东体育学院, 2017.

[41] 陈瑞宁, 易星辛, 杨三军. 小场地比赛方法在青少年足球训练中的实验研究 [J]. 北京体育大学学报, 2010, 33 (4): 60-62.

[42] 赵勇. 沙滩足球训练与传统足球训练对足球运动员有氧及无氧运动能力影响的比较研究 [J]. 山东体育学院学报, 2009, 25 (8): 68-70.

[43] Dupont G, Akakpo K, Berthoin S. The effect of in-season, high-intensity interval training in soccer players [J]. J Strength Cond Res, 2004, 18 (3): 584-589.

[44] Eniseler N, Sahan C, Ozcan I, et al. High-Intensity Small-Sided Games versus Repeated Sprint Training in Junior Soccer Players [J]. Journal of

Human Kinetics, 2017, 60 (1): 101-111.

[45] Taylor JM, Macpherson T, Mclaren SJ, et al. Two Weeks of Repeated-Sprint Training in Soccer: To Turn or Not to Turn [J]. International Journal of Sports Physiology and Performance, 2016, 11 (8): 998-1004.

[46] Mohr M, Krustrup P. Comparison between Two Types of Anaerobic Speed Endurance Training in Competitive Soccer Players [J]. Journal of Human Kinetics, 2016, 51 (2): 183-192.

[47] Nedrehagen ES, Saeterbakken AH. The Effects of in-Season Repeated Sprint Training Compared to Regular Soccer Training [J]. Journal of Human Kinetics volume, 2015, 49 (1): 237-244.

[48] Shalfawi S, Young M, Tønnessen, E. The effect of repeated agility training vs. repeated sprint training on elite female soccer players' physical performance [J]. Kinesiologia Slovenica, 2013, 19 (3): 29-42.

[49] Buchheit A, Mendez-VillanuevaA, DelhomelG, et al. Improving repeated sprint ability in young elite soccer players: repeated shuttle sprints vs. explosive strength training [J]. Journal of Strength and Conditioning Research, 2010, 24 (10): 2715-2722.

[50] Haugen T, Tonnessen E, Leirstein S, et al. Not quite so fast: effect of training at 90% sprint speed on maximal and repeated-sprint ability in soccer players [J]. Journal of Sports Sciences, 2014, 32 (20): 1979-1986.

[51] 李春满,熊开宇,于越,等.对青少年足球运动员有球专项速度耐力训练方法的实验研究——以北京国安足球俱乐部青年队为例 [J].北京体育大学学报,2014, 37 (2): 114-120.

[52] 水祎舟,黄竹杭.足球运动专项无氧能力训练设计实证研究 [J].北京体育大学学报,2017, 40 (6): 105-113.

[53] Chelly MS, Ghenem MA, Abid K, et al. Effects of in-season short-term plyometric training program on leg power, jump-and sprint performance of soccer player [J]. Journal of Strength and Conditioning Reasearch, 2010, 24 (10): 2670-2676.

[54] Kotzamanidis C, Chatzopoulos D, Michailidis C, et al. The effect of a combined high-intensity strength and speed training program on the

running and jumping ability of soccer players [J]. Journal of Strength and Conditioning Reasearch, 2005, 19 (2): 369–375.

[55] Saez dve, Suarez-Arrones L, Requena B, et al. Effect of plyometric and sprint training on physical and technical skill performance in adolescent soccer pllayers [J]. Journal of Strength and Conditioning Reasearch, 2015, 29 (7): 1894–1903.

[56] Mark V, Jozsef T, Balazs M, et al. Short-Term High Intensity Plyometric Training Program Improves Strength, Power and Agility in Male Soccer Players [J]. Journal of Human Kinetics, 2013, 36 (1): 17–26.

[57] Manolopoulos K, Gissis I, Galazoulas C, et al. Effect of combined sensorimotor-resistance training on strength, balance, and jumping performance of soccer players [J]. Journal of Strength and Conditioning Reasearch, 2016, 30 (1): 53–59.

[58] Hoff. Maximal strength traning enhances running economy and aerobic endurance performance [J]. Medicine & Science in Sports & Exercise, 2001, 33 (5): S270.

[59] Franno, et al. Effects of 3 different resistance training frequencies on jump, sprint, and repeated sprint ability performance in performances in professional futsal players [J]. Journal of Strength and Conditioning reasearch, 2017 (31): 3343–3350.

[60] Buchheit M, Mendez-Vilanueva A, Delhomel G, et al. Improving repeated sprint ability in young elite soccer player: repeated shuttle sprints vs. explosive strength traning [J]. Journal of Strength and Conditioning research, 2010, 24 (10): 2715–2722.

[61] 水祎舟. 青少年女子足球运动员整合性肌肉力量训练设计实证研究 [C]. 2017年全国竞技体育科学论文报告会论文摘要汇编.

[62] 郭鹏. 肌肉离心收缩结合向心收缩的力量训练对提高足球运动员爆发力和最大力量的实验研究——以陕西U20女子足球运动员为例 [D]. 西安：陕西师范大学, 2015.

[63] Sedano CS, Vaeyens R, Philippaerts RM, et al. Effects of lower-limb plyometric training on body composition, explosive strength, and kicking speed in female soccer player [J]. Journal of Strength and Conditioning Reaserch, 2009, 23 (6): 1714–1722.

[64] Marques MC, Pereira A, Reis IG, et al. Does an in-Season 6-week Combined Sprint and Jump Training Program Improve Strength-Speed Abilities and Kicking Performance in Young Soccer Players? [J]. Journal of Human Kinetics, 2013, 39(1): 157-166.

[65] Zago M, Giuriola M, Sforza C. Effects of a combined technique and agility program on youth soccer players' skills [J]. International Journal of Sports Sciences and Coaching, 2016, 11(5): 710-720.

[66] Evangelos B, Georgios K, Konstantinos A, et al. Proprioception and balance training can improve amateur soccer players' technical skills [J]. Journal of Physical Education and Sport, 2012, 12(1): 81-89.

[67] Abdelkader M, Shady AA. Effect of spatial orientation and motor rhythm trainings on motor speed and skill performance level of soccer juniors [J]. Science, Movement and Health, 2013, 13(2): 66-72.

[68] Haghighi A, Moghadasi M, NIkseresht A, et al. Effects of plyometric versus resistance training on sprint and skill performance in young soccer players [J]. European Journal of Experimental Biology, 2012, 2(6): 2348-2351.

[69] Fanarioti M. The influence of direct and indirect teaching method in the development of selected technical skills in the sport of football to children aged 12-14 years old [J]. Journal of Physical Education and Sport, 2014, 14(3): 413-420.

[70] 王永权, 裴永久, 郭军. 对竞赛期训练监测指标的研究 [J]. 沈阳体育学院学报, 1999(4): 32-34.

[71] 蔡向阳, 赵厚华. 对我国优秀青年足球队训练课指标要求的探讨 [J]. 中国体育科技, 1994, 30(11): 44-46.

[72] 刘志云. 对我国优秀少年足球队冬训期大运动量课练习密度和运动负荷的研究 [J]. 武汉体育学院学报, 1994(4): 64-67.

[73] 温永忠, 王君. 我国优秀青年足球队大负荷训练课质量的综合评价 [J]. 广州体育学院学报, 2000, 20(1): 86-88.

[74] 王君, 孟宪武, 刘浩. 我国U23岁足球队技战术训练课质量综合评价的研究 [J]. 西安体育学院学报, 1999, 16(1): 65-67.

[75] 吴放. 我国U13-U17岁男子足球运动员比赛负荷特征的实证研究 [D]. 北京: 北京体育大学, 2018.

[76] Bangsbo. Aerobic and Anaerobic Training in soccer［M］. Denmark：Forlaget storm,2011：91.

[77] 张力为. 个案研究可以做成体育科学的博士论文吗？［J］. 北京体育大学学报，2002，25（5）：640-643.

[78] 徐建华，谢朝清. 普通逻辑学［M］. 宁川：宁夏人民出版社，2007：26-38.

[79] https：//baike.baidu.com/item/定义/483965?fr=aladdin.

[80] 现代汉语规范词典［M］. 北京：商务印书馆，2004.

[81] 胡好，张英波，王传平. 再论运动训练结构［J］. 北京体育大学学报，2009，32（10）：105-108.

[82] 刘丹. 足球运动训练与比赛监控的理论即实证［M］. 北京：人民体育出版社，2011：105.

[83] U.S. Soccer Federation. U.S. Soccer Curriculum［M］. Chicago，2011：55.

[84] 国际足联. 国际足联执教手册［M］. 中国足球协会，译. 北京：人民教育出版社，2016.

[85] 日本足球协会. 青少年儿童训练大纲［M］. 2003.

[86] 英格兰足球总会. 未来足球——足球协会培养年轻球员的技术指南［M］. 2010.

[87] U.S.Soccer Federation. U.S.Soccer Curriculum［M］. Chicago，2011.

[88] 王瑞元. 运动生理学［M］. 北京：人民教育出版社，2010：459.

[89] Gerhard bauer. 足球训练指导［M］. 于大川，译. 北京：人民体育出版社，1997.

[90] Bangsbo J. Energy demands in competitive soccer［J］. J Sports Sci，1994，12（special no）：S5-12.

[91] Bangsbo J，Nørregaard L，Thorsøe F. Activity profile of competition soccer［J］. Can J Sport Sci，1991，16：110-116.

[92] Reilly T，Ball D. The net physiological cost of dribbling a soccer ball［J］. Res Q Exerc Sport，1984，55：267-71.

[93] Ali A，Farrally M. Recording soccer players' heart rates during matches［J］. J Sports Sci，1991，9：183-189.

[94] Brewer J，Davis J. The female player［M］. London：Blackwell Scientific，1994：95-99.

[95] Mohr M，Krustrup P，Nybo L，et al. Muscle temperature and sprint

performance during soccer matches: beneficial effect of re-warm-up at half-time [J]. Scand J Med Sci Sports, 2004, 14 (3): 156-162.

[96] Ogushi T, Ohashi J, Nagahama H, et al. Work intensity during soccer match-play [J]. Science and football II, 1993: 121-123.

[97] Reilly T. Fundamental studies on soccer [J]. Sportswissenshcaft und Sportpraxis, 1986: 114-121.

[98] Seliger V. Heart rate as an index of physical load in exercise [J]. Scr Med (Brno), 1968, 41: 231-240.

[99] Strøyer J, Hansen L, Hansen K. Physiological profile and activity pattern of young soccer players during match play [J]. Med Sci Sports Exerc, 2004, 36 (1): 168-74.

[100] Van Gool D, Van Gerven D, Boutmans J. The physiological load imposed in soccer players during real match-play [J]. Science and football, 1988: 9-51.

[101] Pate RR, Kriska A. Physiological basis of the sex difference in cardiorespiratory endurance [J]. Sports Med, 1984, 1 (2): 87-89.

[102] Wagner PD. Determinants of maximal oxygen transport and utilization [J]. Annual Review of Physiology, 1996, 58 (1): 21-50.

[103] Apor P. Successful formulae for fitness training [J]. Science and football, 1988: 95-107.

[104] Wisloff U, Helgerud J, Hoff J. Strength and endurance of elite soccer players [J]. Med Sci Sports Exerc, 1998, 30 (3): 462-467.

[105] Helgerud J, Engen LC, Wisløff U, et al. Aerobic endurance training improves soccer performance [J]. Med Sci Sports Exerc, 2001, 33 (11): 1925-1931.

[106] Ekblom B. Effect of physical training in adolescent boys [J]. Journal of Applied Physiology, 1969, 27 (3): 350-355.

[107] Laughlin MH, Roseguini B. Mechanisms for exercise training-induced increases in skeletal muscle blood flow capacity: differences with interval sprint training versus aerobic endurance training [J]. J Physiol Pharmacol, 2008, 59 (suppl 7): 71-88.

[108] Rakobowchuk M, Stuckey MI, Millar PJ, et al. Effect of acute sprint interval exercise on central and peripheral artery distensibility in young

healthy males［J］. Eur J Appl Physiol，2009，105（5）：787-795.

［109］Bailey S，Wilkerson D，Dimenna F，et al. Influence of repeated sprint training on pulmonary O$_2$ uptake and muscle deoxygenation kinetics in humans［J］. J Appl Physiol，2009，106（6）：1875-1887.

［110］Helgerud J，Engen L C，Wisloff U，et al. Aerobic endurance training improves soccer performance［J］. Med Sci Sports Exerc，2001，33（11）：1925-1931.

［111］澳大利亚足协. 国家足球教程——国际成功之路[M].2013.

［112］中国足球协会. 足球教练员培训教程［M］. 北京：北京体育大学出版社，2009：19.

［113］黄竹杭. 足球运动员战术意识的构建过程及训练策略设计［D］. 北京：北京体育大学，2004.

［114］姆·科兹洛夫. 球类运动［M］. 李乐民，等，译. 北京：人民体育出版社，1957.

［115］体育院系教材编审委员会《足球》编写组. 体育系通用教材——足球［M］. 北京：人民体育出版社，1979.

［116］杨一民. 中国体育教练员培训教材——足球［M］. 北京：人民体育出版社，1997：54.

［117］年维泗，麻雪田，杨一民. 足球［M］. 北京：北京体育大学出版社：1990.

［118］卡尔·海因茨. 新足球学［M］. 蔡俊五，译. 北京：人民教育出版社，1988：14-15.

［119］U.S. Soccer Federation. U.S. Soccer Curriculum［M］. Chicago，2011：24.

［120］Hill-Haas S，Coutts AJ，Dawson BT，et al. Generic versus small-sided game training in soccer［J］. Int J Sports Med，2009.

附录A

16岁男子足球运动员重点发展技术的专家调查表

尊敬的专家：

您好！

素仰您学养渊博，为确定16岁男子足球运动员重点发展的足球技术，冒昧恳请您对研究问卷提供宝贵意见。

本问卷旨在确定16岁男子足球运动员重点发展的足球技术。请您根据专业知识，对各项技能内容的重点发展程度进行选择，您提供的宝贵意见，将有助于16岁男子足球运动员重点发展技术的确定。本问卷填答结果仅供学术研究之用，衷心感谢您的支持与帮助！

第一　请选择您的基本信息

职称或职务：A 教授（研究员）；B 副教授（副研究员）；C 主教练；D 助理教练

第二　背景材料

（1）本问卷"16岁男子足球运动员重点发展技术"是指根据青少年足球技术习得规律和高水平比赛的需求，在16岁年龄阶段需要着重发展的足球技术。

（2）本研究在对比《国际足联执教手册》《国际足联青少年足球》《美国足球课程》《现代足球》《足球》等教材对足球技术分类的基础上，形成了该问卷足球技术的分类。

第三　相关定义和研究范畴

本研究把足球技术定义为在比赛或训练中，足球运动员有效完成专门技术动作的能力。本研究的足球技术不包含无球状态下的技术，单指有球技术。根据足球的攻防性质，把有球技术分为进攻技术和防守技术，再根据球员技术动作的目的或意图，把进攻技术和防守技术进一步细化，具体见下表。

第四　填写须知

在本问卷中，"5"表示非常重要，"4"表示重要，"3"表示一般，"2"表示不重要，"1"表示非常不重要。请您用"√"选择，并提出补充或删改意见，谢谢！

足球技术			重要性程度 重要 ←——→ 不重要
足球技术	进攻技术	带球跑技术	5　4　3　2　1
		运球技术	5　4　3　2　1
		护球技术	5　4　3　2　1
		传接球技术	5　4　3　2　1
		射门技术	5　4　3　2　1
		过人技术	5　4　3　2　1
		头球技术	5　4　3　2　1
		掷界外球	5　4　3　2　1
	您的补充或删改意见：		
	防守技术	断球技术	5　4　3　2　1
		抢截球技术	5　4　3　2　1
		铲球技术	5　4　3　2　1
		封堵技术	5　4　3　2　1
		争顶球技术	5　4　3　2　1
		解围	5　4　3　2　1
	您的补充或删改意见：		

注：带球跑技术是指球员在高速运动中利用双脚控制足球而且不改变球的运动轨迹的能力。
　　运球技术是指球员利用双脚在运动中控制足球，而且不断改变足球运行轨迹的能力。
　　护球技术是指防止防守球员获得控球权的能力。

感谢您耐心审阅题目并请提供宝贵意见！

附录B

申鑫队、鲁能队、三高队的两周训练安排

附录B1 申鑫队两周训练安排

日期	第1天	第2天	第3天	第4天	第5天
训练课类型	体能	技术	体能、技术	技术	技术、战术
训练内容	上午： 核心力量训练 下午： 传接球练习 有氧耐力	基本部分： 传接球技术： 练习比赛	上午： 核心力量训练 下午： 传接球练习 高强度间歇跑	上午： 传接球练习： 4v2+1传接球练习 4v2+1控球转移 下午： 运球、传接球技术 练习比赛	运球、传接球练习 1v1突破射门 2v2配合射门 3v3配合射门 练习比赛

（续表）

日期	第6天	第7天	第8天	第9天	第10天
训练课类型	比赛	休息	体能、技术、战术	技术、战术	体能、技术
训练内容	vs华东师范大学校队		上午： 核心力量训练 下午： 5v2传接球练习 射门技术 配合射门 练习比赛	5v2传接球 高速中射门 2v2配合至射门	上午： 核心力量训练 下午： 4人三角形传球 3v1传接球 10v5+1传接球练习 9v5+2传接球 7v7+2传接球练习 练习比赛

日期	第11天	第12天	第13天	第14天	
训练课类型	技术、战术	战术、体能	比赛	休息	
训练内容	上午： 颠球、带球 4v1传接球 3v1+1控球转移 3v3+3传接球 下午： 传接球练习 传中射门练习 练习比赛	4v2传接球 速度练习 4后卫+2后腰的防守	vs上港U16		

附录B2 鲁能队两周训练安排

日期	第1天	第2天	第3天	第4天	第5天
训练课类型	技术、战术、体能	技术、战术	技术、战术、体能	技术、体能	技术、战术
训练内容	5v5+5传接球练习 5v5+5战术配合 8v7+2GK攻防练习	6v6+4传接球练习 6v5+3v2攻防练习 8v8+2GK战术练习比赛	6v6+4传接球技术 传中射门 下午: 力量练习（核心、上肢）	6v6+4传接球练习 8v8+2GK攻防练习	2v2个人技术射门练习 6v5+3v2攻防练习
日期	第6天	第7天	第8天	第9天	第10天
训练课类型	比赛	休息	技术、战术、体能	战术	比赛、体能
训练内容	vs淄博实验高中		5v5+5传接球练习 5v5+5攻防转换 8v7+2GK攻防练习	配合传中射门练习 8v6进攻战术训练 5v5+4战术训练	vsU17、U15 下午: 力量训练（核心、上肢）
日期	第11天	第12天	第13天	第14天	
训练课类型	技术、战术、体能	技术、战术	比赛	休息	
训练内容	网式足球传接球技 5v5+4+2GK攻防练习	6v5+3v2+2GK 8v8+2GK	vs山东师范大学附中		

附录B3 三高队两周训练安排

日期	第1天	第2天	第3天	第4天	第5天
训练课类型	技术	技术、战术	技术、体能	技术 战术、体能	技术
训练内容	个人控球技术 2~3人之间的传球练习 传接球练习 练习比赛	个人控球技术 2人之间的传球练习 4人之间的战术配合练习 练习比赛	2人之间的传球练习 练习比赛 间歇跑训练 上下肢爆发力	个人控球技术 4人之间的战术配合 练习比赛	个人控球技术 传接球技术 练习比赛
日期	第6天	第7天	第8天	第9天	第10天
训练课类型	比赛	休息	技术、体能	技术、体能	技术、体能
训练内容	vs美国某高中		个人控球技术 传接球技术 练习比赛 下肢爆发力	个人控球 1v1突破 速度练习 传接球技 练习比赛 间歇跑	个人控球技 练习比赛 上下肢爆发力
日期	第11天	第12天	第13天	第14天	
训练课类型	技术、体能	技术、战术	比赛	休息	
训练内容	个人技术 位置技术 练习比赛 速度练习	个人技术 配合传中射门 练习比赛	vs西藏中学		

附录C

U16男子高水平足球队部分正式比赛的基本信息表

赛区	球队	对阵球队	比分
海门	陕西足协	河北足协	3-1
海门	福建队	陕西足协	4-0
海门	陕西足协	福建队	0-4
漯河	杭州绿城	郎姿珂缔缘	4-2
漯河	郎姿珂缔缘	杭州绿城	2-4
海门	河南建业	四川足协	1-1
海门	福建队	河北足协	0-2
漯河	成都棠外	广州足协	0-1
海门	福建队	四川足协	0-1
漯河	长春亚泰	杭州绿城	1-1
海门	河南建业	山西足协	2-3
海门	陕西足协	河南建业	3-2
漯河	恒大足校B队	北京中赫国安	1-1
漯河	长春亚泰	郎姿珂缔缘	3-3
潍坊	湖北足协	新疆宋庆龄足校	2-1
潍坊	新疆宋庆龄足校	湖北足协	1-2
潍坊	东莞麻涌	广东梅州客家	0-0
漯河	北京中赫国安	长春亚泰	2-0
漯河	长春亚泰	北京中赫国安	2-0
漯河	杭州绿城	恒大足校B队	2-3
潍坊	陕西老城根	深圳足协	0-2
潍坊	深圳足协	陕西老城根	2-0
潍坊	恒大足校B队	上海上港	0-6
潍坊	北京东城体校	上海绿地申花	1-4